AF130894

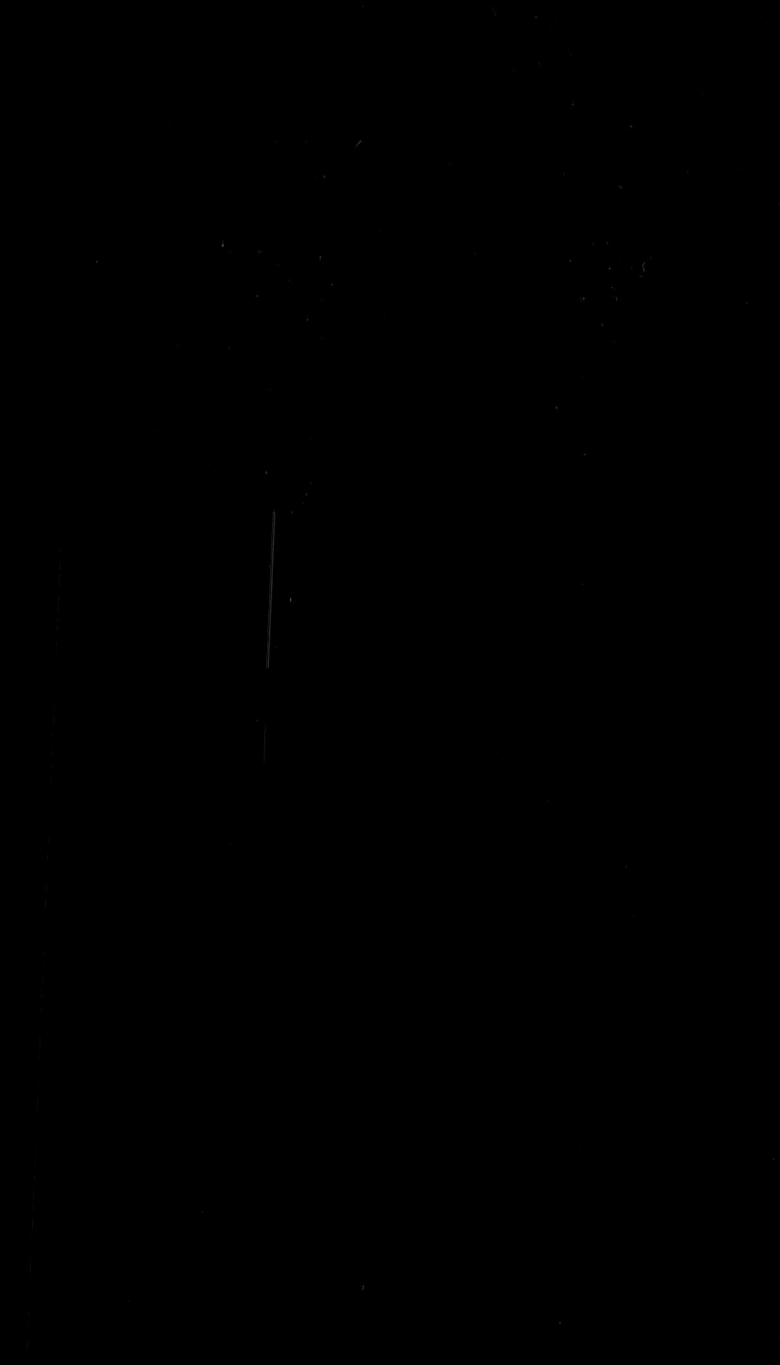

mare

Fritz J. Raddatz

Mein Sylt

Mit Fotografien
von Karin Székessy

mare

Neuausgabe, 3. Auflage 2024
© 2006, © 2014 by mareverlag, Hamburg
Fotografien © 2006 by Karin Székessy

Typografie Farnschläder & Mahlstedt, Hamburg
Schrift Stempel Garamond
Druck und Bindung CPI books GmbH, Germany
ISBN 978-3-936384-26-0

www.mare.de

Dinieren Möwen? Küssen Quallen?
Wispern Igel?
Jedenfalls ist es ein eigenartiges Bild, die
Möwen – exakt zu den wechselnden Gezeiten –
bei Niedrigwasser an den muschelverklebten
Buhnen hocken zu sehen, eine weißgefiederte
Welle, die sich im Rhythmus der Wogen hebt
und senkt, von der Tafel aber nicht abläßt.
Jedenfalls ist es ein eigenartiges Spiel, das die
Quallen mit ihren rosageränderten «Lippen»
bieten, fließend aufeinander zu und vonein-
ander weg; tanzen sie ihren Wogen-Tango aus
Wollust? Jedenfalls ist es von erstaunlicher
Gemütlichkeit, wenn die September-Igel –
wie verabredet – gegen Abend gemeinsam aus
ihren Verstecken hervortrippeln und, sich ihrer
Stachelwehr bewußt, Pfade und Wege über-
queren.

Sylt ist ein nicht enden wollendes, sich

ständig erneuerndes stetes kleines Wunder:
ob die zartlila Dünenveilchen – winzige Bieder-
meier-Stiefmütterchen – im vom Sonnenglast
ausgedorrten Sand, der bunte Schatten, den die
im rasenden Frühjahrswind grün-gelb-orange-
farbenen Splitterscherben von gegeneinander
scheppernden Ostereierbäumen werfen, oder
der bleiche Finger des Leuchtturmfeuers,
der durch den Novembernebel streift, als
wolle er die Dünengespenster herbeistreicheln.
Manchmal, in den Sommernächten, gibt ein
schweigendes Meer weit draußen Sandrippen
frei, der Wind schält Fetzen von der Haut des
Meeres, und die winzigen Vögel, die Strand-
läufer in ihrer possierlichen Emsigkeit, bilden
ein flatterndes Hohlsaummuster; manchmal
hängen die Regentropfen wie Glasperlen im
windgeschützten Dünengras, und dann wieder
rinnt der Tau an den roten Hagebutten im

Zwergenwald mit seinen kleinen kandierten Äpfeln wie flüssiger Zucker herab. Das Meer erzählt seine Märchen, sie haben je einen anderen Klang, eine immer andere Farbe, wechselnd zu jeder Jahreszeit. Mal sieht man, bei Pulverschnee, muschelförmige weißgepuderte Fußabdrücke – die aber, als seien die Spaziergänger entschwebt, nirgendwohin weiterführen dort, wo kein Schnee hinwehte, in jenen hohen Himmel, an dem die Möwen kokett protzig blitzenden Lalique-Schmuck tragen: das sind die gefrorenen Seesternchen, in deren Eisschicht sich das Licht der fahlen Wintersonne bricht. Ja, die kalte Wintersonne; ihr rufen die weißgeplusterten Wogen zu: «Komm, kühle Scheibe, wir hüllen dich ein, unsere Steppdecke wird dich wärmen.» Die kühle Scheibe aber schneidet lieber ihre tiefschwarzen Schatten in die Dünen, dräuende Segel der Seeräuber, die wohl in der

Nacht vor Heiligabend die Diamanten, Picasso-Lithos und das Sèvre-Porzellan rauben werden, die unter den Weihnachtsbäumen der Strand-villen liegen sollten. Die wärmende Steppdecke indes trug vor wenigen Jahren auch den wun-dervollen Schauspieler Ulrich Wildgruber hin-fort; er, der mit seiner tapsigen Behendigkeit uns so viel Theatervergnügen bereitet hatte, wurde gefunden, Tage später, nach seinem letzten Bühnengang. Die Schatten in den Dünen waren zu Sonnenasche geworden. Diese ständig wech-selnde Naturwelt ist das Raunen von Sylt, dem ich verfallen bin: Es kann dünn und kärglich sein im kaum sich hervorwagenden Vorfrühling, wenn über dem schlohweißen Strandhafer – kein Bleicke Bleicken kann so blond sein – die ersten hellgelbgrünen Weidenkätzchen nach der Sonne lecken und die nachgepflanzten Bäumchen mit ihren drei Kummertrieben sich

in Plastikschatullen verstecken, der Kaninchen
wegen. Sylt kann theatralisch sein, etwa ein
schwarzes Paillettenkleid, leicht grünlich schil-
lernd im abendlichen Mailicht, eine Abend-
robenkrinoline, die sich im Spiegel des Wassers
wiegt: die muschelbewachsenen Betonpfeiler
der Buhnen. Und es kann rauschhaft sein, Sylt
im Juni: eine ganze Insel duftet nach Rosen,
die Lupinen – wohl außer Dahlien die einzige
Blume, die an *einem* Blütenstand verschiedene
Farben trägt – in ihrem Goldorange mit Lila,
Rosa, Weiß, Gelb und Bordeauxrot fast künstlich prunkend, während Keitum (das Dorf, in
dem sich einst Kapitäne zur Ruhe setzten, im
18. Jahrhundert Hauptort der Insel, die nur per
Postsegler oder im Winter mit dem Eisboot
zu erreichen war) im vielfarbenen Kissen aus
blühenden Kastanien, Flieder, Rhododendron,
Klatschmohn und Weißdorn ruht: ein Juwel in

schimmerndem Blütensamt, darüber Wasserfälle
von Goldregen. Doch Märchen, bekanntlich,
können auch giftig sein. Hat man sich eben
noch staunend erfreut an Pflanzen, deren
Namen aus versunkener Zeit herüberzuklingen
scheinen – Krähenbeere und Glockenheide,
geflecktes Knabenkraut und Lungenenzian,
Ährenlilie und Besenheide, Strandsalzmiere und
Sonnentau, Bergsandglöckchen und Sumpf-
bärlapp –, kann man sich schon in der Haut-
klinik wiederfinden: Der so prachtvoll sein
betörend duftendes Blütendach über sich wöl-
bende Bärenklau ist so giftig, daß nur Feuerwehrleute in Spezialkleidung ihn roden können – einen Stiel mit der Hand gebrochen oder
nur die scharfzackigen dekorativen Blätter
gestreift, und schon erleidet man schwerste
Hautverbrennungen. Da widersteht man als-
bald der adoleszenten Begierde, die blonden

Kornähren auf den spätsommerlichen Äckern zu Zöpfen zu flechten, steht lieber in gesicherter Entfernung, um die zotteligen Galloway-«Bären», mächtige schwarzgelockte Rinder, beim Weiden zu beobachten – oder ein Apfelschimmelfohlen, so niedlich-ungelenk vor dem schwarzweiß gestreiften Leuchtturm von Kampen, als habe die Kurverwaltung es eigens dort hingestellt. Im September dann, unter der schon müder werdenden Sonne, verändern sich die Wiesen zu Baumwollfeldern aus Mississippi – die hoch wogenden Disteln haben puschelige weiße Flocken angesetzt; wer Glück hat, kann kleine stämmige Pferde – welche Rasse mag das sein? – beobachten, die dazwischen in Pampuschen einherstapfen; sie haben an den Fesseln zottelig wehendes Fell.

«Sylt ist tausendmal schöner als Wangeroog», schreibt schon Siegfried Jacobsohn 1920 an

Kurt Tucholsky, «und ebenso viel mal mehr Nordsee»; und nach einem Besuch Thomas Manns in seinem Haus in Kampen schreibt der Kritiker, der sommers seine «Weltbühne» von hier aus redigierte: «Tatsächlich hat ja Westeuropa zwischen Hammerfest und Gibraltar nicht ihresgleichen» über die Insel, der er «Sonne und Seligkeit» verdankt; schon die Anreise – damals noch per Schiff – versetzt den gewieften Berliner in eine Art Taumel: «Für die Überfahrt übers Wattenmeer geb ich das ganze Engadin hin und bin meines Handels froh. Ich bin so berauscht, daß ich keine drei Minuten fest auf dem Stuhl sitzen kann.»

Ob man seinerzeit am Hafen von Munkmarsch – jetzt bewacht von einem Luxusrestaurant – die Ankömmlinge schon mit jenem legendären, Neulinge nach wie vor verblüffenden «Moin, Moin» begrüßte, dessen Herkunft wie

Bedeutung höchst umstritten ist? «Guten
Morgen» heißt es nicht, auch wenn Besucher,
denen des Landes Brauch fremd ist, sich über
diesen Gruß, wenn am späten Abend darge-
boten, baß verwundern. Die eine Erklärung sagt,
die Redewendung käme von der Seefahrt her
und bedeute «guten Wind», eine andere, es sei
von dem dänischen Mojen abgeleitet; umstritten
ist auch, ob die Wortkargheit der Nordfriesen
es auf ein einmaliges «Moin» abgekürzt hat,
weil diese gerne mit einem geringen Wortschatz,
also auch mit einer Kürzestformel der Begrü-
ßung auskommen und «schön» auf friesisch
«moi» heißt – an der allzu weitschweifigen
Doppelung erkenne man die Leute aus so fernen
Ländern wie Schleswig-Holstein oder Hamburg.
Indes wiederum meine Sylter Autowerkstatt
mit einem aufgedruckten «Moin, Moin» auf der
Visitenkarte wirbt. Wie auch immer.

Aber was mag es nun sein, was seit vielen Jahrzehnten – schon der neben Rosa Luxemburg Mitbegründer der Kommunistischen Partei, Franz Mehring, war Anfang des 20. Jahrhunderts viel, lange und gerne auf Sylt – ganz besonders zahlreich Intellektuelle, Künstler, Schriftsteller auf diese Insel zog? Ist es jener Einsamkeitsmagnetismus, wie ihn Alfred Andersch schildert, der das Eiland mit den Felsen von Cap Finistère und den schweigenden Reihern der Camargue vergleicht? «Ich ziehe mich gern in Wildnisse zurück. Ich meine damit die Uferlinie des Wattenmeeres bei Kampen, sich zu den Dünen aufschwingend, hinter denen der Donner der Oktoberbrandung sich ankündigt.»

Gewiß, gewiß: Nun sind wir ja alle so förchterlich weltbiforne «Snobs» (wenngleich viele nicht wissen mögen, daß der Begriff sich von «sine nobilitate» herleitet) und wissen also, daß der Barkeeper des Rainbow-Room hoch oben im Rockefeller-Center von New York die besten Martinis mixt, wie wir für den Skiurlaub das Hotel Zürser Hof in Zürs wegen seiner Suiten mit eigenem Kamin empfehlen können; daß Saint Germain des Près so «out» ist wie St. Tropez oder Acapulco ist uns geläufig wie die Tatsache, daß das Eden Roc in Cap d'Antibes den größten Swimmingpool an der Côte d'Azur hat oder man auf Teneriffa das Gran Hotel Bahia del Duque wählen sollte, allein wegen der Auswahl zwischen vier verschiedenen Kopfkissensorten. Das Belle Mare Plage The Resort auf Mauritius muß nicht eigens erwähnt werden, jedermann weiß, daß die stets lächelnden Hotelboys – wenn schon nicht sich selber – zur Nacht Rosenblätter auf das Laken legen.

Doch gerne bekenne ich mich schuldig; denn keineswegs bin ich nur der leicht hinkende

weißhaarige Alte, der in verbeulten Cordhosen
in Kampen durchs Dorf schlurft; auch fahre ich
keine Ente, esse sie vielmehr lieber bei Stricker
à l'Orange; die allerdings fliegt in erbitterter
Konkurrenz zu den hausgemachten Lamm-
bratwürsten des fabelhaften Jörg Müller. Mit
Vergnügen beobachte ich in der etwas schumm-
rigen Bar des Gogärtchen aus diskreter Entfernung – stets liebevoll umsorgt von Chef
Rolf Seiche –, wie die Herren Otto vom Otto-
Versand und Jauch von RTL die Köpfe zusam-
menstecken. Möchte man wissen, worüber sie
plaudern? Nein. Ja. Nicht weniger gerne lasse
ich mir von Annegret Sievers bei Fischfiete in
Keitum den legendären Butt à la Felix servieren,
der 24 Stunden lang vorbereitet werden muß.
Mindestens so wohlig-gemütlich ist es bei Her-
bert Seckler in seiner Skihütte namens Sansibar
in den Rantumer Dünen, da setzt sich der viel-

fache Familienvater wie ein rücksichtsvoller
Freund für siebeneinhalb Minuten an meinen
Tisch und hält mich davon ab, zu dem von mir
bevorzugten Black Snapper einen zu teuren
Wein zu bestellen; besonders gerne höre ich natürlich, wenn der Kellner mir gelegentlich bedeutet: «Heute keine Rechnung, sagt die Chefin,
wegen dem Buch ...» – und das war dann eines
von mir, das ich ihr beim letzten Mal mitbrachte
und das die Leseratte Helga Seckler gerade
durchgeschmökert hatte.

So sind wir also kenntnisreich. Und allerlei
Kenntnisse über Sylt erreichen uns im Rhythmus der bunten Banalität: alle Jahre wieder die
Hochglanzmagazine mit ihren Glitzerchen und
Fünkchen der illustrierten Milchstraße. Sylt: das
sind durchtanzte Nächte; Kampen: das ist dort,
wo der Champagner den Reitern aufs Pferd
serviert wird vor den parkenden Ferrari, Lam-

borghinis und Maseratis. Tatsächlich gibt es nach wie vor eine klischeesüchtige Klientel, Kreissparkassendirektoren mit zu grünen Jacken, zu blonden Zweitfrauen und zu roten (Leih-)Wagen, die sich die Hälse verrenken – schon vormittags beim Sekt – nach «Prominenz». Als seien die sagenumwobenen Gunther Sachs und der kürzlich verstorbene Peter Boenisch nicht inzwischen weißhaarige Herren, recht stämmig geworden. Das ist, mag sein, *auch* Sylt. *Mein* Sylt liegt Lichtjahre entfernt; will sagen: beginnt ziemlich genau fünf Gehminuten von Kampens «Whiskymeile» entfernt. Als sei da ein Zaun gezogen mit dem Schild «Zutritt verboten» – so jäh einsam ist bereits der Weg zum und am Kampener Watt. Da umfängt den Spaziergänger eine geradezu bestürzende Stille. Anders als am meist brandungswütenden Meer herrscht hier zur «L'heure bleue» – je nach

Jahreszeit mit unterschiedlichem Beginn: Mai und Juni erst spät, so um 19 Uhr herum, im September schon am Nachmittag – eine Art vielstimmiges Schweigen, dessen Wispern sich zusammensetzt aus dem Schirpen des Schilfs, dem schleifenden Flügelschlag der Möwen, dem Gunksen des auf dem Sand spielenden Wassers; «die Rille unbelauscht», schrieb Paul Celan einmal. Schwer zu definieren, worin das Betörende, die Melancholie dieser meist menschenleeren Landschaft besteht, deren Horizont sich im Frühsommer unendlich dehnt – der Himmel gleicht dem Perlmutt einer umgestülpten Riesenmuschel, graugrün und mit zarten Fäden von Rosa und Violett durchzogen. Wer gut zu Fuß ist, kann zuerst am Golfplatz vorbei, der von tiefblauen Glockenblumen gesäumt ist, die fangen wohl die flüchtigen Bälle auf, und dann am Watt entlang bis Keitum wandern und,

wenn er Glück hat, das sommerliche Fest namens Ringreiten beobachten, bei dem festlich
geschmückte Greise, prächtig uniformierte
Feuerwehrleute oder auch schon mal ein Fisch-
händler auf ausgeputzten Pferden einen Speer
in einen winzigen Eisenring zielen müssen.

Ausdauer wird belohnt. Das winzige Kirch-
lein St. Severin, inmitten des wunderschönen
alten Friedhofs gelegen – auf dem die «alten
Familien» gebettet sind oder spätere Sylt-
Liebhaber wie Peter Suhrkamp, Ferdinand
Avenarius und seit November 2002 auch Rudolf
Augstein –, bietet herrliche Orgel- oder Trom-
petenkonzerte bei Kerzenlicht im Kirchenschiff
aus Holz, auch Liederabende. Auf seltsame
Weise hört man etwa einen Bariton Schuberts
Liederzyklus «Die schöne Müllerin» hier ganz
anders singen, intensiver:

Gute Nacht, gute Nacht!
Bis alles wacht,
Schlaf aus deine Freude, schlaf aus
dein Leid.
Der Vollmond steigt,
Der Nebel weicht,
Und der Himmel da oben, wie ist
er so weit.

Komme ich aus dem Konzert, die Mondsichel
am hohen Himmel näht den Horizont mählich
zu, verstehe ich jenen Amerikaner aus einer
Bayreuth-Anekdote der vierziger Jahre. Nach
Wagners «Ring» fühlte er sich so aus Raum und
Zeit gefallen, daß er fragte: «Is Roosevelt still
President?»

Da ist etwas Zwickendes, als häute man sich,
als blase der Wind den Dreck der Welt von
einem – und lenke die Gedanken durchaus auch

ins Schattenreich. Das Meer gibt an manchen
Tagen ein leise zischendes, fast metallenes Fei-
lengeräusch, als dengle Gevatter Sensenmann
sein Handwerksgerät. Vielleicht ist es auch das,
was Künstler so in den Bann zieht; himmelhoch
jauchzend, zu Tode betrübt ist ja keinem von
ihnen fremd.

Die Anthologie literarischer und künstleri-
scher Zeugnisse, die den eigenartigen Zauber
der Insel einfingen, wäre umfangreich: von
Theodor Storms erst postum aufgefundener
«Sylter Novelle» über jenes charakteristische
«Badestrand»-Bild Emil Noldes – der auf die
Frage nach den für ihn typischen Tönen Braun-
rot, Hellrot und Dunkelviolett antwortete:
«Mein Vater hatte nie soviel Geld, um mir Far-
ben zu kaufen. Aber malen mußte ich. So nahm
ich Karottensaft und Rote-Bete-Saft oder rote
Johannisbeeren oder Heidelbeeren. So fing ich

an» – bis zu dem so eindringlichen Bild, das Thomas Mann von seinem Hans Castorp im «Zauberberg» zeichnet:

«Auf Sylt hatte er, in weißen Hosen, sicher, elegant und ehrerbietig am Rande der mächtigen Brandung gestanden wie vor einem Löwenkäfig, hinter dessen Gittern die Bestie ihren Rachen mit den fürchterlichen Reißzähnen schlundtief ergähnen läßt.» Tatsächlich war Thomas Mann – er verbrachte drei Sommer auf Sylt – tief aufgerührt von der ihn erregenden Stimmung des Meeres, einer «erfrischenden Melancholie» und dem «Raubtiermäßigen der Wellen». Wenn er über Hans Castorp schreibt – «Von dorther kannte der junge Mensch das Begeisterungsglück leichter Liebesberührungen mit Mächten, deren volle Umarmung vernichtend sein würde» –, dann war das, wie stets beim «Zauberer», nur knapp verhohlene Autobiographie:

Hier, im Kampener Kliffende, hatte er eine seiner großen homoerotischen Leidenschaften erfahren. Thomas Mann aber war, wie man weiß, ein sehr genauer Schiller-Kenner; vermutlich konnte er die Ballade vom Taucher auswendig, deren unheimlich-weiblichen Sog der brillante Theaterkritiker Benjamin Henrichs einmal in Beziehung setzte zum Begreifen vom «Meer als Überweib»:

«Das Gedicht vom Taucher jedenfalls ist ein einziges grandioses Angstgedicht. Der Bericht des Jünglings nach dem ersten Tauchgang ist ein Gesamt aus der Hölle: ‹Und es wallet und siedet und brauset und zischt / Wie wenn Wasser mit Feuer sich mengt›. Das Meer (so die Lehre des Tauchers, die er selber allerdings sofort wieder vergißt) ist für den Menschen das unbedingt zu Meidende, das alles Verschlingende. Das Meer ist die Unterwelt, die Totenwelt, ein Schauplatz der ödesten, gräßlichsten Einsamkeit. Man braucht nicht eben viel analytischen Scharfsinn, um im Heldenakt des Tauchers einen finalen Liebesakt zu erkennen. Der Taucher feiert tödliche Hochzeit mit dem Meer, ein metasexuelles Spektakel, das ihm keine Königstochter bieten könnte. Man schaue sich nur diese Schiller-Wörter an: *Schwarzer Mund. Finsterer Schoß. Weißer Schaum. Gähnender Spalt. Flutender Schoß.* Als wäre das Meer das Überweib, der tiefste aller tiefen Schlünde.»

Ob Lovis Corinth oder Stefan Zweig, der von «Wochen der Liebe auf dieser milden Wildnis» berichtete – sie alle erlagen der Magie von Sylt.

Dünen gibt es ja auch anderswo, Möwen kreischen an jedem Meer, und auch Ginster soll, wie man hört, in anderen Landschaften blühen. Und dennoch: Diese Mischung aus südlichem Glast, wenn die Sonne die Luft über den endlos

scheinenden Stränden sirren macht, und nördlicher Störrischkeit (nirgendwo, so scheint mir, hat der Ginster so harte, spitze und lange Dornen) – diese Mischung öffnet der Seele Fenster. Es ist nicht die – wahrlich schöne – Weichheit der lavendelduftenden Provence, wenn im Juni die ganze Insel erfüllt ist vom Duft der blühenden Heckenrosen, und es ist auch nicht die – wahrlich bizarre – surreal anmutende schwarze Härte der Lavastrände von Lanzarote, wenn sich bei Niedrigwasser die Sandbänke wie dunkel glänzende Wale hervorbuckeln und hochmütig nickend die Austernfischer mit ihren roten Beinen darüber hin stelzen. Es ist, was es vielleicht gar nicht gibt: deutsch undeutsch.

Diese morgendlich herankriechenden Seenebel, gegen Mittag von der Sonne aufgeleckt; diese lila mit Heidekraut wattierten Mulden, in denen abends pünktlich die Kaninchen äsen;

und diese Greisenfalten des Roten Kliffs, die
Jahr um Jahr tiefere Furchen zeigen: das gibt es
nur ein Mal auf der Welt. Das Ganze ist mehr
als die Summe seiner Teile. Wo gäbe es das nicht
auch: Vollmondnacht, Gischt und Tanggeruch.
Aber wie hier, am Kliff von Morsum, plät-
schernd das Wasser nach einem grapscht, eine
unheimlich singende Meeresversion des «Erl-
könig» erklingen läßt; und wie hier der Himmel
aufgerissen wird, schweigend und zerspleißend
zugleich wie Seide, wenn die Vögel im Natur-
schutzgebiet des Rantumer Beckens ihn schneiden: das gibt es nur hier auf der Welt.

Vor Jahren war auf Sylt ein grimmiger Winter,
meine Haustür vom Schnee zugeweht und die
Wasserleitung zerfroren. Ich hatte einen Gast
aus Spanien. Wir gingen am Kampener Strand
spazieren, entlang einer zwei Meter hohen
Wand aus grünem Glas; das waren die gefrore-

nen Wellen, durch die eine tiefstehende fahle Sonne schien, von der aufspritzenden Gischt immer wieder verwölkt. Da sagte der Herr aus Andalusien, einen Tag vor der Rückreise nach Berlin: «Morgen fahre ich nach Deutschland zurück.»

Also gemahnen auch viele der herrlich intensiven Eindrücke an so entfernte wie gleichnishafte Kunstwerke. Die schimmernde Aluminiumplatte des Watts, stumpf und glatt in welligen Linien gegeneinandergeschnitten: Oskar Schlemmer; die stachlige Silberkugel des August-Vollmonds, der gleichsam behende in die Büsche rollt: Kurt Tucholskys «Wenn die Igel in der Abendstunde …»; Kühe nicht in «Halbtrauer», sondern im «Halbfieber» – sie tragen ihr Fell in kleinen weißen, ganz exakt umgelegten und nicht etwa gefleckten Bauchbinden, Nierenwickel aus dem Sanitätsgeschäft:

Arno Schmidt; die wollige Schafherde mit dem
aparten jungen Schäfer mit Schlapphut, Kapuzi-
nerumhang und Hütestab: Leistikow; die far-
bige junge Frau, eine Miriam Makeba von Sylt,
die jeden Morgen in Kampen pünktlich aus dem
Bus steigt – nein: tänzelt und singt – vermutlich
ein Zimmermädchen –: Gauguin; die lila-grünen
Samtpolster in den herbstlichen Mulden: Vallo-
ton.

Die Natur predigt in lauter kleinen Devotio-
nalienbildern. Das mag der Grund dafür sein,
daß sie demütig macht. Das Meer zieht den
Schmutz aus der Seele. Ein Spätnachmittag, ein
früher Abend am unendlich scheinenden Kampener Strand, kaum Menschen, nur Wolken,
späte Sonne und donnernde Brandung – es ist,
als würde der Mensch innerlich gewaschen, als
kehrte er zurück in eine Vorexistenz. Glichen
wir einst den Quallen, die, auf den Sand gespült,

aussehen wie Pudding mit Puderzucker über-
stäubt, eben noch elegant schaukelnde Wasser-
fallschirme und nacheinander greifend mit ihren
Tentakeln, nun verdorrend – Sinnbild oder nur
Naturschauspiel? All das Getier aus alten
Sagen – der Sandregenpfeifer, die Brandgans, die
Kreuzkröte, der Austernfischer – wo waren wir,
als sie entstanden, und wohin werden wir ver-
schwinden? Wenn man weiß, daß die Milchstraße – fast blendend hell in sternklarer Nacht –
ein riesiges Sternsystem ist, dem außer unserem
Sonnensystem weitere 100 bis 200 Milliarden
Sonnen angehören: wie klein wird man da. Das
Genie Michelangelo, der Massenmörder Adolf
Hitler – ein Wimpernschlag im grenzenlosen
All der Unendlichkeit, wir sind Wesen, winziger
als ein Mückenbein. Mene-Mene-Tekel: Kurz
vor meinem 75. Geburtstag flatterte, sich schon
erschöpft in den Herbsttod schwingend, ein

prächtig gemustertes Pfauenauge auf den Früh-
stückstisch im Gärtchen – schöne Vergänglich-
keit.

Fraglos hat das Meer nicht nur etwas Locken-
des, sondern auch etwas Bedrohliches; im Fran-
zösischen ist das Meer weiblich – *la mer*. Es
spielt mit uns, zeichnet mit Muscheln in haar-
genau nachgeordneter Wellenform Schlieren-
ketten in den Sand, es ist septembermüde, faul,
vielleicht erschöpft von seinen Gischtpflichten
der Saison – und droht doch schon mit den
Herbststürmen, mit seiner rasenden Winterwut,
mit der es Stück um Stück Kliff-Fetzen weg-
beißt. Es zeugt und gebiert: autark und andro-
gyn. Das ist Verheißung und Melancholie in
einem. Derlei muß Heinrich Heine durch den
Sinn gegangen sein, der sich «todbeglückt»
nannte, als er seine Nordseegedichte schrieb:

Abenddämmerung
Am blassen Meeresstrande
Saß ich gedankenbekümmert und einsam.
Die Sonne neigte sich tiefer, und warf
Glührote Streifen auf das Wasser,
Und die weißen, weiten Wellen,
Von der Flut gedrängt,
Schäumten und rauschten näher und näher –
Ein seltsam Geräusch, ein Flüstern und
   Pfeifen,
Ein Lachen und Murmeln, Seufzen und
   Sausen,
Dazwischen ein wiegenliedheimliches Singen –
Mir war, als hört' ich verschollne Sagen,
Uralte, liebliche Märchen.
Die ich einst, als Knabe,
Von Nachbarskindern vernahm,
[...]

Doch nicht jede Liebe währet ewiglich; sie kann auch erlöschen. Die Klatschgeschichten über gescheiterte Ehen von Tennisstars, Fußballern oder Außenministern versorgen uns in der Regenbogenpresse reichlich mit derlei Affären. So hat vor vielen Jahren, 1994, als es die Wochenzeitung *Die Woche* noch gab, dort öffentlich der inzwischen verstorbene Journalist Rolf Winter die Scheidungsklage gegen seine Geliebte – «das war Liebe nicht nur auf den ersten Blick, sondern Liebe der ersten Empfindung» – namens Sylt eingereicht. Die Touristenmassen, die Autokarawanen in der Hochsaison (mehr als 600 000 Autos bereits 1992), das Schlangestehen vor dem morgendlichen Brötchenladen, die (übrigens nach wie vor nicht gesättigte) Gier nach dem «Häuschen unter Reet», die viel zu vielen – nicht immer gesitteten – Fremden: das alles hat den Kritiker von der Insel vertrieben.

«Wie merkwürdig. Es hat wirklich nicht geschmerzt.» Wobei eigenartigerweise dem enttäuschten Liebhaber ein bemerkenswerter Denkfehler bei all seiner wahrlich berechtigten Klage unterlief: daß er selber nämlich, Chefredakteur von *Stern* und *Geo,* auch Tourist war und nicht der Bauernbub von nebenan; daß er, genau wie die vielen von ihm Geschmähten, das Domizil «unter Reet» (für, wie er selber eingesteht, übertrieben hochgeputschten Preis) in jenem Braderup kaufte, dessen bevorzugte Lage in der Heide am Watt nach ihm auch andere Käufer anlockt; das waren dann die bösen Fremden – er nicht. In seinem Klageruf betonte Rolf Winter damals zwar, die Welt bereist zu haben und zu kennen. Doch wer sich über die drängende Menschenfülle während der Saison in einem Badeort wie Sylt beschwert – der kennt schwerlich Miami in der Saison, St. Tropez oder

Kosa Mui – von Horden Halbnackter zu Tode getrampelte Touristen-«Paradiese», erstickt unter der Blechlawine jener Tausender Automobile, die der Journalist offenbar nur auf Sylt gesichtet hat; als könne man auf der Promenade des Anglais, einer stinkenden Rennstrecke, Boule spielen. Das ist der zweite Denkfehler dieses weiland Ärgernis erregenden Artikels voll zornigen Liebesentzugs: Wer in der Hochsaison an derlei Orte reist – ist selber schuld. Der kluge Mann bleibt in diesen Monaten zu Hause (im eigenen Garten, den ein *Stern*-Chefredakteur ganz gewiß hatte). Es ist ja – leider – alles wahr, viele Gäste reißen Buschwerk, Heiderosen und Arnika heraus, sie benutzen die Insel wie eine Wegwerfware. Doch ist das kein bißchen typisch allein für Sylt – wie auch die allmittäglichen Schlangen vor den Baguette-Bäckereien in Nizza den augenscheinlich doch

nicht so Reiseerfahrenen hätten belehren können: Fehlverhalten, Sonderbarkeiten, Widerwär-
tiges gibt es – beispielsweise – an der gesamten
Côte d'Azur überreichlich; sie ist auf viele, viele
Kilometer Länge von einem rächenden Beton-
gott schmählicher verschandelt als das klein-
bürgerliche Westerland, dem unser Reporter damals verächtlich den Rücken kehrte. Die Feinen
und Reichen (allerdings nicht Nackten) von
Mougins, Cap d'Antibes oder St. Jean Cap Fer-
rat sind in der Sekunde, in der sie ihre Anwesen
verlassen, einem Meer von Müll, endlosen Staus,
dem Gestank billigster Pizzabuden oder Kasta-
nienbrenner ausgesetzt. Der Witz, mit dem Rolf
Winter seine Philippika beschloß – man habe
am Autozug Richtung Festland ein Ehepaar ver-
haftet, denn es habe noch etwas Geld bei sich
gehabt – ist gut. Er ließe sich jedoch mühelos
ins Monegassische übersetzen.

Und das Glück? Wo ist das Glück? Um das
zu beschreiben, muß ich eine der vielen Karl-
chen-Geschichten erzählen. Aber – Karlchen?
Wer ist Karlchen? Karlchen war der noch heute
legendäre Barkeeper, winters in der Berliner
Vollen Pulle, wo er Beichtvater und Klagemauer
fast der gesamten Gruppe 47 war – und sommers in Kampen, wo er hofhielt, mit diskretem
Charme mal verschwiegen und mal schwatzhaft
sein konnte, einerseits die geheimen Telefon-
nummern von Warburg oder Augstein, Springer
oder Beitz zuverlässig hütete, andererseits gerne
die meist rasch wieder verlöschenden Feuer-
stürme jäh aufflackernder Strandamouren
weiterzwinkerte. Karlchen war eine Instanz.
Er war der Regisseur in seiner Bar, arrangierte
eine strenge Sitzordnung, der sich niemand
zu widersetzen wagte; als täte er dem jeweiligen
Gast einen Gefallen, ordnete er an: Werner

Höfer ganz links vorne, etwas entfernt davon
Augstein, wenn's ihm gefiel, neben Beitz; Wolf-
gang Menge oder Charly Weiß etwas mehr
«zweite Reihe», und den Professor Killy in meiner Begleitung ziemlich hinten im Schummer-
licht. Und so war es, in wechselnder Besetzung,
stets eine Inszenierung, und das Stück hieß
«Dialog». Man unterhielt sich nämlich, und
zwar nicht über Börsenkurse oder Golfplätze.
Der gebildete, sehr belesene Barmann zog sich
selber mit in das Gespräch. Er war ein Cocktail-
mixer-Philosoph. Man konnte ihm Pläne für
einen Film, für einen Essayband, für eine Folge
politischer Kommentare anvertrauen; lang,
lang ist's her, daß mit ihm und bei ihm – zu-
sammen mit Hans Werner Richter – die Idee
zur Taschenbuchreihe rororo-aktuell geboren
wurde, die dann bald mit Publikationen von
Rudi Dutschke, Daniel Cohn-Bendit oder

Bahman Nirumand die Republik erregte. Bei
Karlchen entstand die Idee zu der «Autor-Scooter»-Fernsehserie des SFB, die jahrelang Peter
Wapnewski und ich im Wechsel moderierten,
für heutige Begriffe ein unschätzbares Literaturarchiv mit Gästen wie Enzensberger oder Grass,
Walser oder Biermann, Kroetz oder Hermlin.
Bei Karlchen auch führten Rudolf Augstein
und Alexander Mitscherlich mit mir die ersten
Gespräche über die Gründung jenes «*Spiegel*-
Instituts für Projektstudien», das ich ab 1970 –
nach abschließenden Verhandlungen am Nacktstrand von Buhne 16, bekleidet – leitete.

Karlchen war milde, weise und zuverlässig,
fragte in seiner grenzenlosen Neugier: «Und
wie war euer Spaziergang am Ellenbogen? Erzähl mir davon …» Ohne Umstände bewachte
er ein Romanmanuskript, eine Dame oder die
Brieftasche – wenn er merkte, man wollte noch

«abschwirren» in Gegenden, die man besser ohne aufsuchte.

Mit Karlchen also saß ich eines Nachmittags im Kaffeegarten von Nösse am Weißen Kliff von Morsum – dort, wo das Watt aufhört und die Insel anfängt, Insel zu sein. Man konnte jenen Lindwurm sehen, dessen Schuppenpanzer auch heute noch aus poliertem Stahl und glänzendem Chrom besteht: den Autozug über den Hindenburg-Damm (wie das Ding in aller Unschuld noch heute heißt, als hätte uns der Kerl nicht den Hitler angeschafft). Karlchens Cockerspaniel-Augen wurden weit, man spürte, er zählte die anrollenden Gäste. Dann sagte er ganz leise: «Ob die wohl glücklich werden hier?» Und damit meinte er nicht jenes Einstunden-«Glück», dessen Gummireste man morgens im Gebüsch rund um die Pony-Bar in Kampen finden konnte – und heute noch finden kann.

Vielleicht meinte er, was ich in einem meiner
Romane einmal so einzufangen versuchte:

*Glück findet im Kopf statt. Sie erfinden die
Welt neu. Und sich. Im zirpenden Messer-
schleifen des Schilfs hören sie ihr sirrendes
Begehren. Sie liegen am weißen Kliff, die
Insel biegt sich vor ihnen bis zur Keitumer
Kirche und bis zum Leuchtturm von Kampen,
weit hinten fletscht der Sandschnee der Lister
Dünen. «Gestern sind wir dort runtergekol-
lert», flüstert Bernd. «Nicht nur», antwortet
Alf, er hat ein paar Lächelzweige der Silber-
pappeln gebrochen, «sie haben einen ganz
hellen Bauch, die Blätter, nur keine bläu-
lichen Adern.» Nach einer stundenlangen
Wanderung laufen sie weit in den Schlick des
Kampener Watts hinaus, Bernd deutet auf den
weiß schwirrenden Saum aus Möwenflattern,*

«das Meer hat deinen Schnurrbart». Alles
gehört ihnen, alles ist nur für sie da, die
gemächlichen, schwarzen Angus-Rinder, die
Lupinen mit ihrem rosa-lila-gelben Farbwahn
und der Duft der Hagebuttenrosen, der über
der ganzen Insel hängt. Die seidengrünen
Juninächte wollen nicht enden, der Himmel
dünnt noch um Mitternacht in ein weißliches
Türkis aus, dessen Fransen die Gischt kämmt.
Schwarze Schnäbel schlitzen die Seite des
Horizonts, hinter dem ein neuer und immer
neuer aufscheint.

Nostalgie? Gewiß. Aber was ist so schlecht an
nostalgischen Erinnerungen? Wenn man, Früh-
jahr 2005, erleben muß, daß 450 Harley-David-
son-Machos über die Insel donnern, viele gar
über die fabelhaft angelegte Kurpromenade von
Westerland rasen – dann darf man sich schon

wehmütig an Marlene Dietrich im lautlosen weißen Rolls-Royce-Cabrio erinnern, dem hartnä-
ckigen Gerücht zufolge mit schwarzem Chauffeur
und vor dem Hotel Stadt Hamburg parkierend.

Times are a-changing. Immerhin war ja auch
dieses «Damals» einmal verblüffendes «Jetzt»,
wenn man bedenkt, daß es 150 Jahre her ist, seit
mit ein paar Badekarren, aufgestellt vom Landvogt
von Levetzow, in Westerland das erste Seebad auf
Sylt gegründet wurde, dem zum 50jährigen Be-
stehen 1905 Kaiser Wilhelm II. die Stadtrechte
verlieh. Im Gründungsjahr war Westerland ein
kleiner Ort der Bauern und Fischer, manche fuh-
ren als Kapitäne hinaus aufs Meer – insgesamt
etwa 450 Einheimische, Untertanen des dänischen
Königs, die den nordfriesischen Dialekt «Söl'ring»
sprachen.

Üüs Söl'ring Lön' – bedeutet: Unser Sylter
Land, und das bereimt man dann sogar:

Üüs Söl'ring Lön', dü best üüs helig; Dü blefst
üüs ain, dü best üüs Lek! Din Wiis tö hual'en,
sen wü welig; Di Söl'ring Spraak auriit wü ek.
Wü bliiv me di ark Tir forbün'en, Sa lung
üs wü üp Warel' sen. Uk diar jaar Uuning
bütlön' fün'en, Ja leng dach altert tö di hen.

Die erste Pension für Fremde war eine leer-
stehende Bauernkate, und erst 1856 wurde das
Hotel Dünenhalle eröffnet. Wobei «Seebad»
durchaus nicht bedeutete, daß man schwimmen
konnte oder wollte oder durfte. Aus den Badekarren mit ihren hohen Rädern stieg man in
knietiefen und ärmellangen, meist gestreiften
Kostümen, um auch nicht weiter als bis ans
Knie im flachen Wasser zu planschen – selbst
das noch sittenstreng nach Geschlechtern ge-
trennt. Zwischen dem Damen- und dem Herrenstrand lag eine mehrere Kilometer breite

«Pufferzone», und im ersten Familienbad, eröffnet 1902, war Junggesellen (woran erkannte
man die wohl?) der Zutritt verwehrt. Der Insel-
logik folgend gab es Schilder, die den Herren
das Betreten des Damenstrandes strengstens
verboten, und dazu ein Schild «Der Bademeister
gilt als Frau». Selige Zeiten der Geschamigkeit
aus dem Einstmals. Heute haben wir uns ins
Vulgäre herunterliberalisiert; also heißt es –
Sommer 2005 – in einem Sylter Anzeigenblatt:
«Nimmersatte Hausfrau, 42, aus Westerland,
sucht Stecher.» Ob das Fortschritt ist?

Alte Fotografien dagegen zeigen rührende
Szenen von Herren mit Strohhut, Sakko und
Krawatte in den Sandburgen – ganz flotte tru-
gen die Prinz-Heinrich-Mütze; die Damen –
selbstverständlich bis zum Jabot perfekt und
vollständig bekleidet – im Hintergrund, unter
einem Schild «Hier finden junge Damen liebe-

volle Aufnahme», bewacht von einer Art Pensionswirtin im schwarzen Jackenkleid mit der Kaffeekanne in der Hand. Sitte und Neugier reimen sich jedoch nicht immer aufeinander. Schon um die Jahrhundertwende druckte die Kurzeitung dieses spöttische Gedicht:

Ach, wie ist der Herrenstrand
hier in Sylt doch interessant!
Selbst Mägdelein und Frauen.
Darf man wohl den Augen trauen!?
wenn sie auf der Buhne lagern
und die dicken und die magern
Herrn der Schöpfung sich besehen,
wenn sie in die Wellen gehen.
Selbst durch Kneifer und Lorgnetten
schaun die züchtig netten
Dämchen ohne Scham und Zieren,
denn sie kennen kein Genieren …

Rückerinnerung ist also immer Ablauf der Zeit. Wobei Nostalgie übrigens durchaus nicht nur mit dem Weichzeichner geschönte Gedankenaufnahme ist; die Nachricht jedenfalls, die Gemeindevertretung von Kampen habe Hermann Göring im Jahre 2005 – ja, liebe Leser, Sie lesen recht: 2005! – die Ehrenbürgerschaft von Kampen aberkannt, gehört nicht dazu. Sein prächtiges Haus hoch auf dem Roten Kliff, das andere Zeitzeugen ‹großzügig› priesen, nannte der Protzwanst «Min Lütten».

Carl Zuckmayer hatte in der Silvesternacht des Jahres 1932, die er auf Sylt verbrachte, das Unheil anmarschieren sehen, das sich mit dem Namen dieses Mordbuben verbindet:

Es schläft das Meer,
es ruht das Watt,
die Wildgans schläft von Muscheln satt,
der Wachs tropft von den Lichtern.
Wir trinken unsern Portwein still,
mag kommen, was da kommen will –
der Himmel helf' den Dichtern.

Und was waren das wohl für finstere Gegenden,
in die man sich besser ohne Brieftasche begab?
O je, sie waren gar nicht finster, sie waren auf
absonderliche Weise spießig, ein klein wenig
Verruchtheitsparfum, aufgesprüht wie das zu
penetrante Rouge auf den Wangen ältlicher
Gouvernanten. Da gab es in Westerland eine
dämmrige Kneipe mit unechten Bauernmöbeln,
in der ältere Herren mit Bäuchlein, hängendem
Hintern und feschem Toupet einander fest um-
klammerten, um zu den Klängen von «Wo die

Nordseewellen trecken an den Strand …» zu
tanzen; wenn es spät, also höchst frivol wurde,
wagte man einen kühnen Tango. Es war wun-
derschön trist. Schräg gegenüber allerdings war
die große Welt – zum Kleist-Kasino mußte man
eine Art Hühnerleiter an verspiegelten Wänden
entlangklettern, oben stand – jahrzehntelang,
immer altersloser – sozusagen Karlchens les-
bische Schwester, ein dünner blonder Mann
namens Melanie, der (die) mit wiegenden Hüf-
ten und wedelnden Händen die Herren Gäste
begrüßte.

Melanie ist ein so handfester wie kesser
Geschäftsmann mit unerschöpflichem Humor:
«Uns ist es egal, ob einer Cola trinkt oder Kir
Royal, schwul oder lesbisch oder normal, wer
sich hier wohl fühlen will, ist willkommen. Der
Transvestit sitzt neben dem verklemmten Lehrer
aus Wanne-Eickel, der sich einmal im Jahr so

geben möchte, wie er ist, die Ledertunte neben dem Doktor im Abendkleid.» Inselweit berühmt war Melanies «tz, tz, tz», mit der er (sie) – eine blonde, schaukelnde Nubatänzerin – hoch über dem Strohschopf die Tabletts mit Gläsern aller Art balancierte.

Und das ist eine der schönsten Hubert-Fichte-Geschichten, Achtung: Nostalgie; denn es ist lange, lange her, wir waren Gäste der feenhaft schönen Maria Augstein im prächtigen, aber nicht protzigen Anwesen des *Spiegel*-Herausgebers in Archsum. Nach dem Abendessen mit Maria und spätem Bordeaux verschwanden also Hubert Fichte und ich in die böse, lockende Unterwelt, die Hühnerleiter empor. Doch oben angekommen, bemerkten wir, daß Melanie durch uns hindurchsah, neben uns hinunterwedelte zum Fuße der Treppe: da stand – nein: wurde eher getragen und geschoben von ephe-

benhaften Karyatiden – eine schwankende
Gestalt, sorgfältig geschminkt, doch die Wim-
perntusche lief übers Pancake-Make-up, unklar,
ob von den Windböen oder den offensichtlichen
Alkoholstürmen. Arndt Krupp von Bohlen-
Halbach, die falbe Fellini-Figur, erreichte die
Bar, spendierte reihum den fremden Burschen,
verteilte schließlich in grapschende Gärtner-
händchen kleine Platinherzen, stand plötzlich
auf der Tanzfläche. Eine fahle Made im weißen
Seidenleinenanzug, drehte sich einsam um sich
selber, das einzige Fünkchen, das von ihr aus-
ging, waren die Platinherzchen, die sie bei jeder
Drehung um sich warf. Die Szene glich einer
verhexten Parodie auf den berühmten Wahn-
sinnstanz in «Gilda», den Rita Hayworth, die
Schönste der Schönen von Hollywood, hinge-
legt hatte; und man dachte an das grausige Ende
der Diva. Hubert Fichte, in seiner sprichwört-

lichen bösen Traurigkeit, stets das Gräßliche gierig schlürfend, stand neben mir, ein Eiszapfen aus Abscheu, und sagte: «Da haben nun Generationen dieses Dicke-Berta-Imperiums in einer gigantischen Blutpresse Hunderttausende zerquetscht – und herausgekommen ist das da – nicht Löwe noch Zahn, eine Pusteblume, die beim ersten Anhauch zerstiebt in lauter sinnlos schunkelnde Pollen.» Tröstend umfing uns der baumbestandene Garten des Pressezaren, da tanzten die Glühwürmchen im Gezweig.

Derlei bietet Kampen nicht. Kampen ist ein Plural; es gibt mindestens zwei. Das eine Kampen ist nach wie vor ein Dorf, in dem man mit dem Briefträger schwatzt, wo der Gärtner erzählt, daß der Fleischer seine Miete nicht bezahlt, der Strandkorbvermieter den Bauern in Keitum für den frischen Ziegenkäse empfiehlt, und dessen ehrgeizige Kurverwaltung

inzwischen jährlich einen anspruchsvollen
«Literatur-Sommer» veranstaltet, bei dem von
Sarah Kirsch bis Rafik Schami, von Theo
Sommer bis Martin Walser ernstzunehmende
Schriftsteller auftreten. Eine Kopfwehtablette,
einen Rollmops, eine Briefmarke (das Postamt
gibt es nicht mehr) kann man allerdings nirgendwo dort kaufen – dafür problemlos einen
Picasso oder Schmuck von Cartier für 100 000
Euro: Das ist das zweite Kampen, das sich un-
gebührlich gegen hohe Gebühren verfeint hat.
Statt der Feldwege und Stolperstraßen nun
Granitbürgersteige und Straßenlaternen, statt
einer nach Heißmangel riechenden Wäscherei
die marmorblitzenden Luxus-Boutiquen
von Robbe & Berking, Chopard, Escada und
Louis Vuitton. Auf meine verblüffte Frage, wer
das denn alles – und wenn, warum gerade hier –
kaufe, erklärte mir das der König der Pelzwaren,

bei dem die Damen mit dem Schirm die an Stangen hängenden Zobel, Nerze und Chinchillas sortieren (nach links: habe ich schon, nach rechts: nehme ich): Es seien jene Damen, die der König von Dänemark in seiner Geliebten, der Rasmussen, charakterisierte: «Sie ist so herrlich gemein.» Diese Damen also, klärte mich der Pelzfürst auf, haben einmal im Jahr die Chance, die «Brieftasche auf Beinen», vulgo ihren Ehemann oder festen Freund, drei Wochen lang für sich zu haben; das Jahr über verbringt er in Vorstandssitzungen, im Aufsichtsrat oder im Lear-Jet, oft nicht wissend, ob gerade in Hongkong oder Rio. Jetzt ist er in Kampen, jetzt muß er sich vor der Gefahr wochenlangen Maulens und Grummelns retten. «Die nehme ich», heißt das Losungswort zur freundlichen Pforte – das können Diamanten, Schuhe, (falsche) Miró-Lithos oder (echte) Krokotaschen sein; vergangenes

Jahr war es eine Finca auf Mallorca für 12 Millionen Euro, die der Makler neben seinen kümmerlichen 3-Millionen-Doppelhaushälften in 14 Tagen losschlug. Am Strand – das mag das dritte Kampen sein – kann man indes, zumal in der Vor- und Nachsaison, so unfaßbar schöne Menschen sehen, junge Eltern, die unermüdlich und lustvoll mit ihren Kindern spielen, die Frauen in ihrer Nacktheit elegant – das klingt vielleicht seltsam, aber das unbewußte Körperspiel dieser schlanken Frauen, das lässige Selbstbewußtsein glänzend gebauter junger Männer *hat* Eleganz. Keine Frau kann so schön sein, und sei es im teuersten Balmain-Kleid, mit dem kostbarsten Bulgari-Schmuck und der aufwendigsten Frisur der Entstellungskünstlerin Marlies Möller, wie die ranken, nackten Aphroditen, die mit klitschnassem Haar jenem gleißenden Meer entsteigen, dessen perlende Wassertropfen

sie im Nachmittagslicht mit vieltausendfach glitzernden Diamantsplittern überschütten. Schon siebenjährige Lolitas – man weiß ja, mit welch verspieltem Vergnügen ganz junge Mädchen bereits kokett sein können – tanzen ihren ganz eigenen Tanz auf dem Parkett knirschend-knackender Schwertmuscheln, drehen sich in dem abstiebenden Tropfenschleier vor ihren Spielkameraden, die schüchtern-bewundernd einen Kreis um das Mädchen bilden; bezauberndes Vor-Bild für jenes Einst, in dem aus Bewunderung Begehren wird.

Es ist nicht einmal nur das Ebenmaß à la Nivea-Reklame, also nur Hülle und Bild, es ist mehr, anders, selbstverständlich – und läßt in verdüsterten Neid versinken den faltigen Alten, mich, der keinen faustischen Pakt schließen kann, um seine Jugend zurückzugewinnen. Vorbei, verweht, nie wieder …

Ich will mich dabei gar nicht in einen «Fidus»-Fimmel versetzen und aus Kampen einen – im Vergleich zu dem magischen Berg im Tessin – leider etwas flach geratenen Monte Verità machen mit seiner halbreligiösen, in jedem Fall sektiererischen Anbetung der Nacktheit. Deswegen will ich durchaus auch nicht ausweichen der gewissen lächerlichen Peinlichkeit, als die viele den Anblick der – im übrigen keineswegs immer schönen – Nackedeis empfinden. So gebe ich hier nur ein paar amüsante Bemerkungen der in Dundee geborenen, in Glasgow lebenden schottischen Schriftstellerin A. L. Kennedy über ihren Syltbesuch wieder:

Es gibt tatsächlich außerordentlich viele Nackte auf Sylt. Und einige von ihnen sind außerordentlich reich, das macht sie besonders. […] Hier lagen Nackte, die, wie wir sehen

konnten, ohne mit der Wimper zu zucken das
Bruttosozialprodukt von Ecuador für Botox
mit Trüffelduft ausgeben würden – wenn sie
überhaupt noch mit einer Wimper zucken
konnten. Sie waren nicht nur nackt, sie waren
enthüllt. Ehefrauen räkelten sich kunstvoll
und stellten ihren Schambewuchs zur Schau.
Ehemänner standen besitzerstolz daneben:
die Hüfte mit einer Entschlossenheit nach
vorn gereckt, als erwarteten sie jeden Moment,
ein Silbertablett unter ihre prachtvollen
Genitalien gestellt zu bekommen. Gebräunte
Schenkel zeigten die Farbe eingeölten Teaks,
Ellbogen knarrten leise wie feinstes Ziegen-
leder, und jeder einzelne reiche, nackte Körper
war von einer Aura der Selbstgewißheit und
Zufriedenheit umgeben, die sämtliche Fül-
lungen meiner Backenzähne vibrieren ließ.
[…] Doch ich weiß nun auch, daß nackte

Rentner in der Brandung kichern und herumtollen wie Vierjährige. Ich weiß, daß kleine Jungs und ihre Väter im Adamskostüm schreiend und spritzend durchs flache Wasser rennen und Quallen ausweichen, als hätten sie beide noch nie im Leben eine Rechnung bezahlt. Ich weiß, daß langjährige Partner wie rasierte Seehunde nebeneinander auf dem Bauch liegen, still Händchen halten und vor sich hin dösen. Und das strahlt eine Art Unschuld und Frieden aus, und der Atem der Wellen ist schrecklich beruhigend, und manchmal glitzert richtige Zufriedenheit in meinen vorderen Hirnlappen auf, ganz egal, was sonst passiert.

Die ortsübliche gemütliche Beschimpfung «Du bischa so dumm as'n Boadegast» blieb unserer Zeugin erspart. Aber über das Nacktbaden gibt es viele und lustige Anekdoten. Als «Erfinderin» gilt noch immer eine gewisse Ellen Mannis aus Rantum. Am Strand waren Butterfässer angespült worden, und der Strandvogt wollte sie emsig bergen, vor möglichen «einnehmenden» Strandgängern in Sicherheit bringen. «Uns' Ellen» aber hatte ein Faß gefunden, wollte es gerade in einem Dünenloch verstecken, um es nachts heimlich zu holen. Da tauchte eben der Strandvogt auf. Sie zog ihre Kleider aus, breitete sie über das Butterfaß und beschied den aus sittsamer Entfernung «Was treibst du denn da?» rufenden Vogt mit einem «Ich nehme ein Sonnenbad und schüttle die Läuse aus meinen Kleidern». Tief in der Nacht wurde das Butterfaß dann ihres.

Läuse hatte der Verleger Ernst Rowohlt wohl nicht, sein in vielen langen und feuchten Nächten gerettetes Butterfaß hörte eher auf den

Namen «Autorenhonorar» – aber am Nacktstrand kam auch der noch in den 50er Jahren
häufig die Insel Besuchende nicht vorbei.
Das heißt – so erzählte es Boleslaw Barlog –,
er kam doch daran vorbei, mochte «textilfrei»
nicht, erwarb sich den Kosenamen «Seehund»,
weil er stets, bekleidet mit einem an allen vier
Ecken geknoteten Taschentuch über der Glatze,
bis zum Hals, weiter nicht, im Wasser saß;
und rächte sich für den amphibischen Titel mit
einem zärtlich-groben «Altes Schwein» am
nackten Berliner Intendanten.

Noch frappanter der Eindruck dieser schmalen, langhaarigen Elfen, der sprungschnellen
Jünglinge mit braunem oder schwarzem Locken-
schopf da, wo es einsam ist – am Ellenbogen
zum Beispiel; man hat das Gefühl, sie sind dort
gewachsen wie die Stranddisteln oder das Knabenkraut, sie seien Teil der Natur. Wobei man

sich auch hier den Hymnus verkneifen darf. Eine jüngst veröffentlichte wissenschaftliche Studie nämlich hat nachgewiesen, daß die winzige Orchidee mit dem Namen Kleines Knabenkraut – die so manch unauffälliger Wiese ihre aparten Farbtupfer einsetzt – eine Mogelpackung ist; trotz seines Sporns, ähnlich dem Rittersporn, produziert das Kraut keinen Nektar; es lockt Hummeln und Bienen an, indem es sich selber zwischen Hornklee oder Bachnelkenwurz aussät oder auch neben der rosavioletten Schnittlauchblüte, von wo aus Hummeln und Bienen manchmal einen Besuch abstatten, um dann den Schwindel mit dem leeren Blütensporn zu entdecken. «Lug und Trug auf der Wiese» war der Bericht über diese Besonderheit überschrieben ...

Was oder wo ist denn nun der Ellenbogen, nach dem das wißbegierige Karlchen forschte,

als ginge man auf Safari? Wie kommt man dahin? Ob mit dem Fahrrad, ob mit dem Auto –
es ist auch dies in jedem Fall eine Zeitreise.
Auf dem Weg zum Ellenbogen passiert man
zuerst gleich rechts nach dem Kampener Orts-
ausgang die Vogelkoje. Das ist ein – von mir
widersinnigerweise gerne im Winter besuchtes –
kleines Restaurant – widersinnig, weil es einen
wunderschönen Garten hat, dessen Anlage in
die Mitte des 18. Jahrhunderts zurückreicht;
damals wurden dort nämlich in großer Zahl
Pfeif-, Stock-, Krick- und Spießenten gefangen,
alte Kojenbücher sprechen von knapp 700 000
Exemplaren zwischen 1767 und 1921; so entstand ein für Kampen ungewöhnliches Wäldchen aus Sträuchern und Bäumen seltener Art.

Weiter geht's die Straße nach List hinauf,
vorbei an jener Volkshochschule, die sich neuerdings reichlich hochtrabend «Akademie am

Meer» nennt und wo noch Alfred Kantorowicz
Vorträge hielt, in den letzten Jahren auch Rolf
Hochhuth gelegentlich vor Publikum las.
Ich war ein kleineres Publikum. Besuchte er
mich zum Abendessen, brachte er mir oft Sylt-
gedichte mit, mal las er eines vor, mal schenkte
er mir so ein Manuskript:

Strand
Nacht – jetzt schweigt sogar der Wind,
die Flut ist zurückgewichen.
Alle, die mir wichtig sind:
Menschen, Fragen – ausgestrichen
hat sie, wie mich,
die Gleichgültigkeit,
mit der das Meer
Muscheln, Teer
– und sich
ausspeit.

Vielleicht war der Autor des *Stellvertreter* etwas erstaunt, dort in der Volkshochschule seinem Kollegen Harald Müller zu begegnen, einem ehemals sehr erfolgreichen Dramatiker – er wohnt dort in einem der Holzhäuschen oft den ganzen Sommer über; ich habe – auf einem kärglichen Bänkchen sitzend – mit ihm dort des öfteren gute Gespräche geführt, lange, bis der Himmel so tintig wurde wie der Wein auf dem Tisch.

Dann, wenn der Weg zum Ellenbogen weitergeht, muß man aufpassen. Dort, wo die mächtigen Wanderdünen von List sich schneeig erheben, geht es scharf nach links, eine alte, holprige Betonstraße entlang, die sich und uns beweist: Hier war mal die deutsche Wehrmacht vor Ort. Tatsächlich hat ja der nichtsnutzige Verbrecher Albert Speer auch Sylt «verteidigen» wollen, Betonstraßen und Bunker anlegen lassen. Jedoch schlägt Geschichte bekanntlich widersinnige Kapriolen. Denn bereits im Ersten Weltkrieg hatte es einen britischen Angriffsplan gegeben, Sylt mit 4000 Mann Infanterie, 18 U-Booten, 40 Zerstörern, 20 Torpedobootzerstörern und einer Flotte aus Wasser- und Luftflugzeugen einzunehmen. Ein Memorandum Churchills, datiert auf den 2. Dezember 1914, legt die Landung mit militärischer Präzision fest:

1. Sylt ist zwanzig Meilen lang und an manchen Stellen nur eine halbe Meile breit. Auf der Seeseite ist das Wasser nahe dem Strand oft so tief, daß hier Schlachtschiffe operieren können. An der Landseite liegen zwischen acht- und vierzehntausend Meter Sandstrand, die zweimal täglich überflutet werden. Dieser Strand, die Nachbarinsel Röm und das Festland gegenüber dem Tief vor List bis zu einer

Breite von 6000 m landeinwärts lassen sich von Schlachtschiffen aus beschießen, die im Tief vor List oder Röm liegen. Damit wird es dem Feind unmöglich gemacht, Verstärkungen von einem Teil der Insel zum anderen zu bringen.

2. Vorschlag: Wir greifen die Nordspitze der Insel an und setzen die feindlichen Maschinengewehre mit Hilfe von Schiffsfeuer aus den Positionen im Norden und Westen außer Kraft. Mit diesem Feuerschutz gelingt es, eine Infanteriebrigade (4000 Mann) mit Technikern zu landen, List zu besetzen und den engen Hals der Insel nahe Dovecot zu halten. Es wird vorgeschlagen, auf der Insel selbst und im Lister Tief eine Flugzeug-, U-Boot- und Zerstörerbasis zu errichten und danach den Rest der Insel zu besetzen.

So waren, wie mir immer schien, die Bunker-
anlagen der vierziger Jahre vielleicht doch nicht
nur eine sinnlos-martialische Spielerei, deren
Gewinner vor allem die blutjungen Soldaten
waren, weil fern vom Schuß; in dieser fried-
lichen Einöde gab es gewiß noch Milch oder
Friesenkäse, vielleicht auch mal ein Stück Schin-
ken und ganz gewiß ein Bauerntöchterlein.
Der Schriftsteller Ernst von Salomon, obwohl in
den Rathenau-Mord verwickelt kein Nazi und
den Nazis kein Genehmer – er requirierte für
sich und seinesgleichen den nebulös-dubiosen
Titel «Nationalbolschewisten» –, lebte in den
30er Jahren auf Sylt; er hat die eher harmlose
Kriegsspielerei beschrieben: «Tagsüber dröhn-
ten die Motoren schneller Jagdflugzeuge, die auf
dem Flugplatz Braderup zu Schießübungen
aufstiegen und dann pausenlos über die Bade-
strände dahinjagten.» Glücklicherweise blieb es

bei Übungen, und wenn man noch heute, versteckt im Gras, über dem Roten Kliff einen Gedenkstein für den «Segelflugrekord des Jahres 1937» entdecken kann, dämpft sich der Messerschmitt-Motorenlärm doch ins Friedliche.

Am Ende dieser panzerkettenharten Betonpiste steht man vor etwas ziemlich Einmaligem: einem Grenzbalken und einer Art Zollhäuschen. Es ist die Einfahrt in eine Privatstraße, und die Schranke hebt sich erst, wenn man einen Obolus entrichtet hat. Privatstraße? Wie das? Wem mag die gehören? Niemand weiß es. Wie auch die Schilder «Achtung! Privatbesitz!» an einigen Dünen in unmittelbarer Nähe gar wundersam anmuten. Ein Haufen Sand als Privatbesitz? Wer hat das wann und von wem und wozu erworben? Durchaus erinnert so etwas an die Analyse von Karl Marx, die so kompliziert «Die erste Akkumulation» heißt und die doch nichts anderes besagt als: Besitz wurde zu Kapital und beides zu Macht. Am Anfang muß also irgendwann irgendwer sich Land angeeignet haben; denn die Erde, ursprünglich, war ja niemandes Eigentum. Hat ein Neandertaler irgendwo einen Zaun gezogen? Wohl eher nicht. Doch an einem Punkt der Geschichte muß es ja begonnen haben, und dann waren es Raubritter, die eine Burg mit Land, mit Dörfern besaßen, dann Herzöge und Freiherren und Grafen oder ausgediente Politiker wie Bismarck, dem der Kaiser Güter schenkte, als gehörte ihm das Land; zu schweigen von Hitlers willfährigen Generälen, die treu ihrem Gröfaz gedient haben und sich vom Herrn Schicklgruber – offenbar Inhaber Deutschlands – mit riesigen Rittergütern beschenken ließen. Wem und zu welchem Behufe gehört also ein Sandhaufen? Fragen wird man ja dürfen …

Die magische Schönheit indes wird vielleicht ein wenig durchsäuert – zersetzt wird sie nicht durch solche Gedanken. Denn siehe, die Privatstraße führt geradewegs ins Paradies. Schon Max Frisch hat in seinen Tagebüchern versucht, dem Zauber Worte zu verleihen: «Dieselbe Insel, bei Nebel und Regen ganz ins Spukhafte verdämmert, hat plötzlich etwas Antikisches. Eine Luft wie Glas: die Ferne ist fern, aber klar und genau, ungespenstisch, heiter und endlich.» Ja, so ist es. Sylt ist 38 Kilometer lang und hat eine Gesamtfläche von ca. 100 Quadratkilometern – und der Sandhaufen am Ende der Privatstraße ist der nördlichste Teil, der nördlichste Teil von Deutschland überhaupt: der Ellenbogen.

«Nischt als Jejend» sagt der Berliner zu so was. Vielleicht mußte man nicht aus Sylt, sondern aus Erlangen stammen wie der Schriftsteller Ernst Penzoldt, Autor des Schelmenromans

Die Powenzbande, um den inneren Rhythmus der Insel zu erspüren: «Gott hat hier alles vor- gefunden, was zur ‹Herstellung› des Menschen nötig ist. Sand und Lehm für die Gestalt, Wind genug für den Atem, die Sprache und die Seele, Feuchte genug für Tränen, Bläue genug für die Augen, Steine für das Herz in der Brust.»

Hat man dann die zartgelb sich plusternden Heideröschen hinter sich gelassen, die mit einem «Uns gibt es auch noch …» die weißen Wanderdünen säumen, dann öffnet sich die Pforte zum Paradies – für 5 Euro. Ich hoffe, es wird dereinst nicht teurer. Da ich ein deutsches Paradies betrete, ist es zuerst einmal mit Ver- botsschildern, Warntafeln und umständlichen Erklärungen verunziert. «Privatgebiet! Betreten auf eigene Gefahr und ohne Haftung. Der Eigen- tümer» – das Schild weckt jene Frage noch ein- mal auf, wem wohl warum und wie weit sich

erstreckend dieses private Eigentum an Sand
gehören mag. Rechter Hand wird man verwarnt:
«Ehemaliger Luft-Boden-Schießplatz. Auf-
gefundene Munitionsteile nicht berühren.» Gerade beginne ich, die von dick-wolligen Schafen
durchmä-ä-ähte Stille zu genießen, da bleckt das
nächste Schild: «Verboten ist das Zelten und
Übernachten in Wohnmobilen und Wagen. Der
Landrat.» Offenbar fürchtet der Herr Landrat
die Gefahr, daß Scharen von Automobilisten
dort die Nacht in ihrem VW-Golf zubringen.
Allmählich wird es poetischer, annonciert wird
in kühnen Genitiven das erstrebte Paradies:
«Nationalpark Schleswig-Holsteinisches Wattenmeer. Der Nationalpark beginnt im Abstand
von 150 m von der seewärtigen Kante der Krone
der Landesschutz- oder Sommerdeiche, vom
Böschungsfuß der Deckwerke bei unbedeichten
Uferstrecken und von der Abbruchkante oder

der MThw-Linie. Ihr Nationalparkamt.» Doch bleibt diese Amtslyrik nicht im Kopf, die Weite dehnt sich, bei treibenden Wolken kann ich mich des Gefühls nicht erwehren, auf einer mächtigen Sandscholle durch das Meer zu treiben, in der Ferne Rømø und die dänische Küste als bleicher Strich, wenig Menschen. Oft sind es Männer – die bekanntlich nie erwachsen werden (weshalb sie sich an jedem Urlaubsort der Welt als erstes diese scheußlichen kurzen Hosen anziehen) –, die dem plärrenden Sohn die Schippe wegnehmen, um selber zu buddeln, die Drachen steigen lassen oder fern ihres ansonsten die Tage zublinkenden Computers Steine sammeln, als wären kostbare Bernsteinbrocken dabei. Ab und zu gleitet ein Schiff vorüber, die Autofähre von Dänemark zum Lister Hafen, leider schick und mondän. Ist es ein nebliger Tag, vermeine ich, die Klänge der Fünften von Gustav Mahler zu

hören, zu denen weiland Visconti das unheil-
schwangere Schiff mit Gustav Aschenbach an
Bord Thomas Manns Venedig ansteuern ließ;
und den Tod.

Die Erinnerungen schweifen, zurück zu jener
längst vergangenen Zeit, da man im Restaurant
der Autofähre schon bei der Platzreservierung
seinen Tisch bestellen konnte, und wo, wenn
man an Bord kam, der Matjes bereits aufgetra-
gen war und eine Flasche Korn im Eis daneben
stand. Das Brot nahm ich dann mit aufs Achter-
deck, jede der gierig schnappenden Möwen
zupfte mir noch einen und noch einen Nadel-
streifen aus dem Anzug und stob damit davon,
hoch in den Wind flatterten die Konferenzen
und Buchhandelsvertretersitzungen mit Kauf-
hauskekschen, dünnem Beuteltee und billigem
Whisky. Die Häutung begann, bevor ich die
Insel überhaupt betreten hatte.

Ich weiß nicht, ob Lovis Corinth, der die
Sommer 1908 und 1909 auf Sylt verbrachte und
von dem es putzig-eitle Briefe aus dem Wester-
länder Grand Hotel gibt, in denen er erfreut
berichtet, der Kellner wüßte seinen Namen –
ob dieser wunderbar zartmalende Impressionist
jemals am Ellenbogen war. So manche seiner
duftig andeutenden Zeichnungen könnten es
glauben machen: ein paar Gräser, hingetuschte
Sandlinien, empfindsame Eindrücke dieser
einmaligen, sich zugleich hingebenden wie ver-
weigernden Landschaft. Nie weiß ich, mich oft
verirrend: Finde ich hier zu mir – oder verliere
ich mich? Immer wieder gibt es ein kleines
Signal, daß dies ein durchaus irdisches Paradies
sei – so, wenn am Leuchtfeuer Nordwestecke
zu lesen steht, daß man sich hier nahe dem
«Ostindienfahrerhuk» befinde, benannt nach
einem 1751 gestrandeten Handelsschiff.

Baden sollte man hier nicht, auch nicht surfen. Die Strömung ist zu stark. Ich wandere meist ziellos herum, Leinenschuhe voller Sand, an den Hosen Teerflecken und der Pullover immer etwas feucht von der Salzwasserbrise, die auch die Sonnenbrille mit einem leichten Film überzieht. Hier gibt es glücklicherweise keine Cola-Bude, keinen Eisverkäufer, keine gegrillten Würstchen. Bleibt man bis zum Abend, dann geistern rätselhafte, tierähnliche Boote durchs Meer, eine Mischung aus Seeschmetterling und Riesenlibelle: Es sind die Krabbenfänger, die in Balance gehalten werden durch die schleppend hängenden, ausgegrätschten Netze; nicht «Traumschiffe», aber Phantasiekähne. Ob einsam oder zweisam – hier träumt man sich, in einer Sandkuhle liegend, weg von der Welt; ich gebe zu: Ich träume mir auch manchmal eine bessere zurecht, die Gedanken laufen einen

Faden entlang, der Frage nach: warum so viel
Elend, Dreck, Verrat und Krieg. Da hat mich
die Welt schon wieder, ich bin zurück in der
Kenntnis von Ware und Geld. Die Stunden am
Ellenbogen hatten mich entrückt. Ein kaum
spürbarer Lufthauch, in dem hoch oben bewe-
gungslos einige Raben schwebten, hatte mich
mit dem Flügel Zeitlosigkeit gestreift.

Wer vier Stunden in dieser Reinheit gebadet,
diese dröhnende Stille gekostet hat, der will
nirgendwo mehr hin; er ist champagnersatt,
will nicht mehr zu Greta unter das «Rauchfang»-
Zelt und auch nicht zu Manne Pahl an den
Tresen, dessen Gemütlichkeit ansonsten so ver-
lockend ist – und nicht nur in Erinnerung an die
Winterabende nach dem Bike-Feuer.

Es ist nämlich sonderbar: Sylt ändert sich täglich – und ist doch immer gleich. Auch wenn es
surreal klingt: Das sommerliche Hitzeflimmern

am Ellenbogen, die Wolken jagen im Spiegelbild des Meeres gleichsam doppelt dahin – es erinnert an die Gleichförmigkeit des Winters. Und an den alten Brauch, ihn Ende Februar zu verbrennen. Ursprünglich ein heidnisches Fest aus heidnischer Zeit, als die großen Feuer zu Ehren Wotans, des Gottvaters und Hochgottes der alten Germanen, und zur Vertreibung der Dämonen des Winters entzündet wurden. «O wia wukket nie! O jowa tuta me» – «O klage nicht! O zage nicht! Die Dämonen wollen wir bezwingen!» heißt es in einem friesischen Reimspruch. Aus der Sagenwelt der Nordfriesen hört man, daß Seefahrer, bevor sie zum Wal- und Robbenfang nach Spitzbergen und Grönland ausliefen, Wotan damit gnädig stimmen wollten.

Früher war das Bikebrennen nicht an einen festen Termin gebunden, es wurde je nach Ort an unterschiedlichen Tagen vor Beginn der Fastenzeit gefeiert. Gegen Ende des 19. Jahrhunderts wurde das als nordfriesisches Nationalfest geltende Bikebrennen auf den Abend des 21. Februar gelegt, vor die dem heiligen Petrus gewidmete «Petri-Stuhlfeier».

Über die ganze Insel winden sich am Abend flammende Schlangen. Menschen aus jedem Dorf, mit lodernden Fackeln bewehrt, stapfen dick vermummt durch den Schnee; und irgendwo, auf freiem Feld, in gebotenem Abstand zu den reetgedeckten Häusern, ist von Hexenhand (in Wahrheit wohl von der Freiwilligen Feuerwehr) ein haushoher Stapel aus Treibholz und Reisig und den ausgedienten Weihnachtsbäumen errichtet. Ganz oben hängt eine Puppe aus bunten Lumpen: der Winter. Und wenn der Bürgermeister in unverständlichem Missingsch seine Rede gehalten, die Feuerwehrkapelle ihren Marsch mit Fanfaren, Trommeln und Tsching-

derassabum gespielt hat, werfen die Menschen
ihre Fackeln in den Scheiterhaufen. Rasch fängt
er Feuer, es prasselt lichterloh, die eingemum-
melten Riesen und Zwerge stehen in Pelzstiefeln
und wollenen Bommelmützen und warten,
bis die Winterpuppe brennt, verbrennt. Wenig
später sitzt man – nun aber unbedingt – an
jenem Tresen bei Manne Pahl (oder anderswo):
Es gibt an diesem Abend des Bikebrennens in
keinem der ausgebuchten Restaurants auf der
Insel etwas anderes als «Grünkohl mit Pinkel»,
was selbstverständlich nur Vorwand und Unter-
lage ist für reichlich Bier und Korn.

Wieso geht mir dieses Bild aus dem Winter,
wenn es schon nachmittags um drei Uhr dunkel
wird, ausgerechnet jetzt durch den Kopf, während ich hier barfuß durch den heißen Sommer-
sand wate? Weil die Gischt so schaumig-flockig
ist, so weiß wie Schnee? Nein, es muß etwas

anderes sein, und es hat – so heikel das Wort
klingen mag – etwas mit Magie zu tun. Es ist
wohl eine Art Privatmagie; denn jeder Mensch
hat ja «seine» Landschaft, «seine» Jahreszeit.
Der eine will die schroff dräuenden Berge, der
andere den milden Lächelsüden.

Schon der kluge Kurt Tucholsky, der die ver-
schwiegenen Seen der Mark und die wippenden
Fichten liebte und übrigens wenig reiste – nie
war er in Italien oder in Griechenland, in Kon-
stantinopel oder Kairo –, schon Tucholsky
beichtete: Es gibt nur eine Landschaft, zu der
man «du» sagt. Ja ja, nein nein: Es ist ja nicht so,
als könnte man nicht staunen vor den Donatello-
Skulpturen in Rom, vor den Mosaiken in Siena;
ich selber habe mich dabei erwischt, wie ich die
wunderlichen Bronze-Plaques an der Pforte von
Veronas Dom St. Zeno heimlich streichelte, wie
ich das Wunder der durchsichtigen Alabaster-

fenster der Kirche von Orvieto kaum begreifen konnte. Derlei Eindrücke gibt es so manche auf dieser Welt, ich selber habe die Deckenmalerei von Orosco in Guadalajara die «Sixtinische Kapelle» von Mexiko getauft. Doch mein «Du» gilt Sylt, dort entzückt mich bereits die kleinste pelzige Raupe, die ich auf einem Sandweg eben nicht zertrete; dort begeistern mich die in Schwärmen tanzenden Marienkäfer; dort bestaune ich kindhaft die harztropfenden, braungelben Triebe der Tannen – aufgesetzt wie die Kerzen am Weihnachtsbaum. Liebe, bekanntlich, läßt sich nicht erklären – wer's dennoch tut, liebt nicht. So vermochte ich auch einem Besucher aus Paris nicht klarzumachen, warum ich hier so glücklich bin – er war entgeistert über die karge «Mondlandschaft» und konnte nicht schnell genug zurückeilen zu Oper, Museen, Vernissagen. Das Dröhnen des Verkehrs an der

Place de la Concorde um den (von Napoleon gestohlenen) Obelisken herum, hupend, quietschend und ratternd – das war Musik in seinen Ohren, nicht das Brausen des Meeres. In Paris riecht man die Austern in der Coupole. Auf Sylt riecht die Haut des Meeres nach Fisch.

Und nun das Wetter. Wetter? Es gibt kein Sylter Wetter. Es gibt nur einen wendischen Wettergott, der seine Laune täglich von Gnade zu Zorn wechselt, von samtener Sonnenmilde zu wütendem Sturm oder peitschenden Regengüssen; nicht selten wechselt das mehrfach am Tag. Gehe ich wie jeden Morgen vor dem Frühstück zum Schwimmen, kann – egal zu welcher Jahreszeit – die mit knapp 53 Metern höchste Erhebung der Insel, die Uwe-Düne, im flauschigen Plumeau des Seenebels unsichtbar sein; zwei Stunden später bei Tee, Vollkornbrot und Krabbenrührei sitze ich in der Sonne. So man-

ches Mal spazierte ich in Hemd und Hose zum
Mittagsmarsch los, um zwei Stunden später
bibbernd und völlig durchnäßt zu Hause anzu-
langen. Im kalten Juni des Jahres 2005 suchte
ich nach meinen Handschuhen für die Radfahrt
und lag nach dem Genuß des Pflaumenkuchens
von Manne Pahl in der Sonne; zum Abendbrot
wurde wiederum die Heizung angedreht.
«Wolken und Schauer» in den Wetternachrich-
ten heißt, man sprengt besser gleich den Garten,
weil es nicht regnen wird. Anfang Juli, in der
sogenannten Hochsaison, wandern die Menschen in gesteppten Jacken mit übergezogenen
Kapuzen umher, und Ende Oktober liegen
sie noch im Strandkorb. Eigentlich ist der Juni
für seine hellen Nächte berühmt und für den
wahrlich romantischen Sonnenuntergang,
eine riesige Blutorange versinkt weit, weit im
Irgendwo, Scharen Schaulustiger knipsen um

die Wette, selbst Champagner wird von Detlef Tappes Kellnern der Sturmhaube bis an die Kante des Roten Kliffs auf Tabletts serviert (manche der schicken Event-Begierigen steigen nicht einmal aus dem Auto …), und ich kann eine lütte Sentimentalität nicht leugnen; übrigens auch nicht, wenn auf der verglasten Terrasse seiner Skihütte in den Rantumer Dünen der Herr Seckler zum Sonnenuntergang die «Capri-Fischer» auflegt – manche weinen eben im Kino bei Schiffsuntergängen, ich bestelle mir in der Sansibar lieber rasch einen Doppelkorn. Doch es gibt lange Wochen, in denen dieses wundersame Schauspiel nicht geboten wird, nichts als dunkelgraue Wolken, nix Champagner, die Autofahrer drehen bereits auf dem Parkplatz ab und der strenge Herr Seckler seine Musik nicht auf. Düster dräuende Abende.

Und im Herbst fetzender Sturm, dem ich in

einem abenteuerlichen, bodenlangen gewach-
sten Barchent-Mantel aus Neuseeland zu trot-
zen suche, Prinz Charles' Gemahlin Camilla
stünde der perfekt. Oft ist es ratsam, den
Herbst- und Wintersturm nicht wie eine etwas
rasante Inszenierung zu nehmen; er kann tatsächlich gewaltsam sein, vor Jahren wurde ein
stämmiger Mann an der Kampener Steilküste
in die Lüfte gewirbelt, hoch in einen wütenden
Himmel; die Landung war unsanft.

Orkantief «Anatol» nannte man am 2. Dezember 1999 das gierige Rasen, einer Wildkatze
gleich, als schlüge ein Leopard oder Jaguar seine
Pranken und Tatzen in eine Gazelle oder in
das weiche Fleisch eines Zebras, gefräßig stürzte
sich dieser Wirbelsturm mit 200 Kilometern in
der Stunde über die Insel, und wo er fauchend
seine Schneise schlug, blieb der älteste und
tiefstverwurzelte Baum nicht stehen. Die Ver-

wüstung auf der Insel bot ein Bild des Jammers, ein kleines Wäldchen in der Braderuper Heide gleichsam wie gerodet, einfach weg, mit Stumpf und Stiel. Das so gemütliche wie beliebte Café Kupferkanne, am Kampener Watt gelegen, wo man so herrlich unter hohen Bäumen im Rasengarten sitzen konnte (und den allerdings noch heute selbstgebackenen Kuchen bekam): eine Wüstenei. Die Inhaber waren pfiffig: Sie haben ihre entwurzelten Riesen verkehrt herum wieder eingepflanzt, ein skurriles Bild. Bäume, deren Wurzelwerk in den Himmel ragt, ihn sozusagen auskämmt – man kann nicht sagen, Nordfriesen hätten keine Phantasie. Sie wissen sogar mit Gelassenheit (bei klingelnder Kasse) Schickimicki-Stürme zu überstehen, wenn etwa, Frühsommer 2005, ein ausgedienter Tennis-spieler die eigentlich doch eher private Angele-genheit seiner Hochzeit über die Insel fegen

läßt, als habe er das ganze Eiland gemietet, die
Kirche samt Pastor, das Keitumer Museum als
Standesamt, Partys, Cocktails, Diners in all den
Restaurants, in denen man berühmt sein kann,
weil man berühmt ist oder war. Mit Wetter hat
derlei nichts mehr zu tun, es ist eher ein Parfum-
Unwetter für die *Bunte* und statt Regen ein
Reigen der Verleihfirma Audi. Dickköpfig hatte
die Sonne den Anblick ihres Untergangs ver-
weigert. Es war Kaminwetter.

Was ist das Gegenteil von einem Kamin?
Ein See? Einen richtigen See aber gibt es nicht
auf Sylt. Es gibt den Entenschnatterteich im
liebevoll angelegten Kampener Dorfpark,
da kann man seinen einsamen Spät-Bordeaux-
Spaziergang machen und nachschauen, ob die
Erpel sich pünktlich zur Ruhe begeben haben;
ich bummle dort auch gerne spätnachmittags
herum und kann nicht leugnen, daß es mir das

Herz zusammenpreßt, wenn ich an dem ganz
und gar unmartialischen, sparsam umhegten
Gedenkstein für die Gefallenen beider Welt-
kriege den Namen und die Lebensdaten eines
23jährigen lese, der am 20. April 1945 – also wenige Tage vor Kriegsende – auf Rügen noch hin-
gemetzelt wurde: für einen Dreck; nie gelebt,
vielleicht noch nie eine Frau geliebt. Mein Gott,
was geht es einem gut, ganz und gar unverdien-
termaßen. Rehrücken, Château la Tour de By
und die Davidoff – ich bin uneins mit mir. Was
eben noch die kleine Runde durchs dunkle Dorf
sein sollte, ist jäh der Schatten eines hacheligen
Scham-Mantels geworden. Wieso der, und
wieso ich nicht? Noch einen weiteren kleinen,
Masuren-eingewachsenen See (oder Teich?) gibt
es, am anderen Ende der Insel, wenn man bis
Morsum «reist», vorbei an zwei mächtigen
Schneemännern, die aber auch in der August-

hitze nicht schmelzen; sie sind aus Stroh, und
sie machen mit ihren Möhrennasen und
Holzkohleaugen Reklame für – Kartoffelmar-
melade. Sollte man die nicht mögen, darf man
ungestört weiterreisen, darf in der vorzeitlichen,
berückenden Saharalandschaft mit ihren be-
fremdlichen schwarzen Tangbordüren herum-
bummeln: bis, ja bis man den Tümpel entdeckt,
offenbar ein «Vereinsgewässer», denn dräuend
verkündet eine Tafel: «Angeln ist nur mit Er-
laubnis und gesetzlich vorgeschriebenen Papie-
ren erlaubt. Der Vorstand.» In den Brombeer-
wucherranken neben dem Schild hängt nun
aber ein flaumfedergefüttertes Vogelnest: Dürfen die da brüten? Die schwarzen Lockaugen
der Brombeeren haben weiß gebüschelte
Augenbrauen; das sind blühende Winden.
Und die dürfen das.
    Der richtige Gegenkamin aber, ein großer

Lichtsee, heißt Rantumer Becken. Das lockt
mich an wolkenziehenden Tagen, der schmale
Deichwanderweg öffnet sich nach einer War-
nung, daß nur «staatlich bestellte Jagdaufseher
als Seehundjäger zugelassen» sind, und nach-
dem man den Wagen vor einer einladend duf-
tenden «Handräucherei» am Rantumer Hafen
abgestellt hat, neben verrosteten alten Fischer-
kähnen, manche noch mit Einmannkombüse
und Positionslaternen aus stumpf gewordenem
Messing. Der kleine Platz nennt sich ernsthaft
«Hafen», rechts geht das Watt Richtung Morsum ins offene Meer über – bei klarem Wetter
sind Amrum und Föhr zu erkennen –, links
liegt die den Himmel spiegelnde Bleiplatte des
Beckens: mein Weg in die Verlorenheit. An der
Böschung zu dem See, der kein See ist, liegen
mächtig geplusterte, zottelige Pullover im Gras –
ständig kauende Schafe, denen eine nächtlich

strickende Seejungfrau mit einem Spinnrocken lange Wollfäden aus dem Fell gezogen haben muß; denn das Gras ist eingesponnen in verfilzte Flocken. Sie ist unsichtbar, die heimliche Handweberin. Aber sichtbar ist nicht nur weit, weit entfernt das Kirchlein von Keitum, sondern auch ein – natürlich – schwarzes Schaf, das sich eigens für mich herausgeputzt hat: Weiße Federn stecken in seinem Pelz. Die stammen gewiß von den beharrlich auf tortenrunden, künstlich angelegten Inselchen herumstolzierenden, sich in hohem Babyton unterhaltenden Möwen; sie wollen offenbar ihre Friesentorte nicht verlassen, auch ein in stolzer Verächtlichkeit vorüberziehendes Schwanenpaar interessiert sie nicht. Kaum ein Laut.

Weil rechts das Wasser in die entgegengesetzte Richtung zieht wie links das im Rantumer Bekken, schwindelt mir leicht auf dem schmalen

Schotterpfad. Man kennt das Gefühl, wenn man im Bahnhof in einem Zug sitzt und nebenan ein Zug in die andere Richtung aufbricht – fahre ich schon, oder fährt der Gegenzug? Auf der Meeresseite macht ein Segelboot jenes Geräusch, für das es kein Wort gibt – mir scheint, am ehesten ähnelt es dem Schneiden von Stanniol mit einer Schere für Papier. Wohin das Boot wohl zieht? Bis zum offenen Meer ist es weit; ob es sich verirrt hat? Einmal sprangen zwei wild aussehende junge Männer auf den Deich, die fragten mich – nach einer Tankstelle! Denn das Benzin für ihren Tucker-tucker-Motor war zur Neige gegangen, und sie wollten bis zum Abend noch in Dänemark sein.

Dänemark ist wohl ein bißchen weit. Aber Sylt bietet auch einen «Süden». Das ist die gefürchtete Hörnumer Odde, auch ein Stückchen Weges etwa von Rantum aus gelegen, von List

gar gute 40 Kilometer. Warum gefürchtet?
Zuerst denkt der Spaziergänger, er habe halt nur
ein anderes Dünengelände entdeckt, dessen
Dünentäler so geheimnisvolle Namen wie Mös-
kendeel, Niweberkul oder Graues Tal tragen
und wo wieder die Märchenwelt der bizarren
Pflanzen Sonnentau und Besenheide oder Bergsandglöckchen lockt. Tatsächlich aber hat die
Insel hier – von wo man Amrum und Föhr so
nahe liegen sieht, daß man hinüberlaufen
möchte – Jahr für Jahr den größten Landverlust;
20 Meter in einer einzigen Sturmflut. Es ist nicht
nur das gefräßige Meer – es sind wieder (wie bei
so vielem Unheil in der Natur) die Menschen,
die Schuld daran tragen. Das Abfischen der
Miesmuschelbänke hat die natürliche Befesti-
gungsanlage zerstört, die Tetrapoden haben die
Strömungsverhältnisse verändert; ursprünglich
sollte das Querwerk durch eine Lee-Verwirbe-

lung die Südströmung um die Südspitze herum-
lenken, bis ein Teil des Querwerks im Sand
versank. Derlei fachliche Erklärungen wüßte
ich selbstverständlich nicht, hätte nicht ein alter
Seebär seine Pfeife aus dem Mund genommen
und dem alten Zausel überraschend gesprächig
Auskunft erteilt: daß die Hörnumer Odde den
Abschluß des Rantum-Hörnumer Nehrungs-
hakens bildet, der sich südlich von Westerland
an den zentralen Sylter Geestkern anschließt;
daß dieser Nehrungshaken aus sehr weichen
Dünen mit vorgelagertem Sandstrand besteht,
beides wenig sturmsicher.

Doch als wolle die Natur sich rächen, ist auch
der Ort Hörnum auf häßliche Weise vernach-
lässigt, eine Ansammlung billiger Würstchen-
buden, am dünnen Strand ein kreischendbuntes
Trampolin, davor ein Minigolfplatz aus Blech
und Beton, daneben ein Blinke-blinke-Kinder-

hubschrauber wie vor einem Karstadt-Eingang, davor flattern Fahnen nicht der alten Kapitäne, sondern von Coca-Cola und Königs-Pils.

Das Heizdeckenparadies des Billigtourismus in Reinkultur. Man muß tüchtig ein Stück durch den Sand stapfen, um einige wenige in Mulden versteckt liegende schöne Häuser zu entdecken, ein Wäldchen gar hinter dem dicken roten Leuchtturm. Ansonsten: Der Parkplatz verschandelt die Häuser am kleinen Hafen – der förmlich riecht nach den Butterfahrten gen Helgoland – aus Waschbeton, noch die Ausfahrt entlang der aufgelassenen Kasernenzwingburgen, deren Fenster eingeworfen sind, gegenüber der obligate Fahrradverleihschuppen. Kümmerliche Pickel, die diesen Teil des Inselgesichts verunzieren. Doch so jäh sich die Böen auf Sylt drehen, so geschwinde rauscht der Wahnsinnswind der Gerüchte. Die ekligen

Militärrelikte sollen abgerissen werden, mit Hilfe einer Wella-Millionärin soll dort ein offenkundig dringend benötigtes Fünfsternehotel entstehen mitsamt einem weiträumigen Golfplatz, «ein echter ‹Links-Course› mit einem hohen Schwierigkeitsgrad», so besagt es die scheppernde Werbetrommel.

Wobei es aufgemotztes Remmidemmi durchaus auch sonst auf Sylt gibt – ganz lustig sogar. Wer eines andern Tags genug Kraft spürt in den Beinen für eine Fahrradfahrt nach List, an den noch bis vor kurzem beschaulichen Hafen mit seinen kleinen Verkaufsständen für Krabbenbrötchen, gerät neuerdings auf eine nördliche Neverland-Ranch. Er wird empfangen von monströsen «Bulldogg»-Gefährten, den stinkenden und knallenden Oldtimer-Riesenspielzeugen, deren Vermieter für die Juhuschreienden Touristen Messingschilder an die Ungetüme

geschraubt haben mit der Aufschrift «Berlin-
Breslau-Königsberg-Köln-Regensburg-Ros-
tow»-Rallye in die Vergangenheit; die Eisschlek-
ker und Frittenfresser spielen «Wir fahren nach
Jerusalem und du kommst mit …». Gleich neben dem «Start» ist eine alte Lagerhalle schön
restauriert worden, sie nennt sich Antiquitäten-
markt und bietet ein rührendes Allerlei von
Bronzebuddhas, afrikanischer Airport-Art, ge-
fälschten englischen Möbeln und echten Refek-
toriumstischen für 18 Personen, schauerlich
nachgemachten Schiffslaternen, Häkeldeckchen
und dann wieder edler Jugendstilkeramik. Das
Ganze – es gibt noch eine schöne alte «Tonnen-
halle» ganz aus Holz und eine «Alte Boots-
halle» – ein einziger Ramschrausch der deut-
schen Kartoffelsalat-mit-Speck-Gemütlichkeit:
Plastikleuchttürme für 29,50 und Aschenbecher
mit Sylt-Aufdruck, Tischsets mit Sonnenunter-

gang und Beutel mit «Strandsand» (= Zucker), urige Positionslampen und Galionsfiguren aus Pappmaché. Serviert werden in diesem leider nicht wandernden Wanderzirkus die Matjes-schnitten oder Räucheraalbrötchen unter gro-ßen Fischen aus Pappe, die neben geschnitzten Seejungfrauen in Fischernetzen von der Decke hängen – keineswegs etwa nur im Bierdunst schaukelnd: Taittinger ist angesagt, da man sich soeben auch eine Krawatte mit «Gosch»-Auf-druck geleistet hat, die der Fischkönig von Sylt zur eigenen Vermarktung feilbietet – in dessen gehobeneren Filialen man allerdings auch die köstlich-frischen Austern bekommt, die seit Jahren wieder vor Sylt gezüchtet werden.

Tritt man aus dieser komischen Horrorshow hinaus ins Freie und zwängt sich durch den stets überfüllten Parkplatz ans Hafenbecken, ist es doch eine gelinde Erlösung, die auf den Reusen wippenden Möwen zu beobachten; die blicken etwas mitleidig-arrogant, als wollten sie den Fischen unter ihnen bedeuten: «Ihr armen – euch kriegen sie! Uns, die geschnäbelten weißen Königinnen, nicht.»

Wer dann mit seinem Drahtesel fortgestrampelt ist von diesem Alptraum aus giftgrünen Zuckerstangen, Pudelmützen und Talmischmuck, kann, wenn er Glück hat, wieder das Sylt der wahren kleinen Wunder erreichen. Denn wo sonst hat man die Gelegenheit, einen Bauernburschen im weißen Brautschleier zu erblicken? Aber kaum nähern wir uns Braderup, sitzt da so einer auf seinem Trecker, eingehüllt in einen Spitzenumhang, der sich weit bläht und auf- und niederweht: Es sind die Möwen hinter dem Traktor mit der Egge, die eine so endlos lange weißgefiederte Schleppe bilden, wie man sie noch bei keiner Fürstenhochzeit je sah.

Unweit davon steht man – neidisch? Ja, neidisch – vor einem Haus in der Braderuper
Heide. Nur das Reetdach winkt dem Betrachter
zu, es ist eingebettet in tuffige Riesenpompons
vielfarbiger Hortensien. Ach, warum ist man
Schriftsteller geworden und nicht Müllverbren-
nungsanlagenbesitzer? Doch der Schriftsteller
kann sich amüsieren: Findet er doch gleich
neben dem Anwesen aus alter Mär wieder dieses
Schild aus der Neuzeit: «Der Nationalpark
beginnt im Abstand von 150 m ...». Dies bizarre
Radebrechen im Rücken, tritt man in die Pedale.
Wobei hinzuzufügen ist, daß das Dahinschwe-
ben auf dem Rad – in Hamburg fahre ich un-
sinnigerweise die kürzesten Strecken mit dem
Wagen – auf Sylt etwas ganz besonders Schwere-
loses hat. Was auch mit einigen der gut angelegten Fahrradwege zu tun hat; manche führen
an der alten Bahntrasse entlang, wo noch vor

Jahrzehnten puff-puff die alte Inselbahn fuhr, so vergnüglich wie vernünftig, weil sie – vorne mit dem handgemalten Schildchen «Blumenpflücken während der Fahrt verboten» bestückt – in der Saison die stop-and-go-verstopften Straßen entlastete. Man winkte mit dem Handtuch, der bemützte Chef des ächzenden Transrapid hielt nach Bedarf, gleich wo; und so stapfte man nach dem Aussteigen direkt hinunter an den Strand. Gewiefte Sylt-Fans wie der langjährige *Spiegel-*, *Welt-* und *Welt am Sonntag-*Chefredakteur Claus Jacobi haben sich einige der alten Bahnschwellen, einer Jagdtrophäe gleich, aufgehoben; Jacobi hat daraus die Stufen zu seinem kleinen Haus am Kampener Watt gebaut.

Schon Emil Nolde – sein Sylt-Bild *Badestrand* gilt als ein Hauptwerk – reiste in dem von ihm so benannten «Dünenexpress» nach

Hörnum und List, als er 1930 mehrere Monate in Kampen auf Sylt verbrachte, in jenem Hotel Kliffende, das durch Thomas Manns Aufenthalt berühmt war; Nolde notierte hingerissen: «Die Wogen, ihr Grollen, die Wolken vor und über mir, der Strand, die Dünen, das graue Gras, das alles war mein ... In den Nächten spürte ich den blassen kalten Mond, im Schlaf und im Traum mich störend, und die Leuchtfeuer blitzten. Wein trank ich, als ob ich Trinker wäre.»

Meine Lieblingsstrecke indes ist keine Trasse, knapp ein Weg; sie führt mich von Braderup über Keitum inklusive Besuch des dortigen Friedhofs – doch darüber später mehr – ins Nichts; so scheint es. Vor dem Nichts aber liegt erst einmal ein ganz besonderes Etwas. Das Etwas ist das «Sylter Heimatmuseum» in Keitum. Dorthin flüchte ich mich, wenn – wie so oft – eine jäh sich zusammenballende Wolke den

Regen prasseln läßt. Das Museum birgt eine charmante dörfliche Ansammlung von allerlei Altertümlich- und Merkwürdigkeiten – ob eine Tabakdose aus Messing mit Rechentabelle zur ungefähren Berechnung der Geschwindigkeit eines Segelschiffs oder eine Taschensonnenuhr; ob das noch 1936 benutzte Ungetüm einer mächtigen Rakete zur Rettung Schiffbrüchiger, ungefüge Oktanten oder pläsierlich beschriftete Kaffeetassen – «Es lebe hoch das Regiment, das sich mit Stolz das 16. nennt»; ob frühe lüsterne Aktfotos oder eine Meerschaumpfeife in Form und Figur eines veritablen Weibes – Phantasie wohl einsamer Winternächte. Am schönsten sind für mich, den Wortfetischisten, abgesunkene Begriffe, deren Bedeutung vermutlich kein Günther-Jauch-Kandidat mehr knacken könnte. Frage: Was ist ein Tausendfuß – die Hauptfigur eines Märchens, eine Raupenart, ein Gebäck

oder ein Schifferknoten? Der Millionenaspirant
müßte letzteres wissen, und vielleicht auch noch,
daß Schweinsrücken, Große Trompete, Aug-
spleiß, Weiberknoten – daß dies und dreißig
mehr davon Tauverknotungen sind, hübsch
nebeneinander aufgereiht und hinter Glas aus-
gestellt in einem Rahmen; man sollte es sich
für die Gartenarbeit merken … Was ein Tinkel-
Stoker ist, verrate ich nicht: Man besuche das
Museum, gehe durch den «gotischen» Eingangs-
bogen aus den Unterkieferknochen eines 1995
vor Wenningstedt gestrandeten Finnwales
(Wal- und Robbenfang war ja im 18. Jahrhundert noch die Haupteinnahmequelle der Sylter,
Tore und Zäune wurden aus Walknochen errichtet). Nimmt man den Ausgang zum Watt
hin mit dem unirdischen Blick auf diese leise ge-
wellte Quecksilberplatte, kann man – darf man
das steigern? – den noch unirdischeren Riesen-

knochen eines erst im Juni 2001 gestrandeten
Finnwales betrachten, einen Schädel mit Zun-
genbein – das Viech hatte ein Lebendgewicht
von 30 Tonnen und war 15,5 Meter lang. Dabei
kann man dann noch ein letztes unbekanntes
Wort erlernen: Barten; anstelle von Zähnen
hat das possierliche Tierchen davon 400 Stück,
um damit seine Nahrung aus dem Meer zu
filtern.

Es hat aufgeklart. Die Wolken schütten nicht
mehr ihre Wassermassen in Kragen, Schuhe
und gegen die Brille, sie jagen nun dahin, wie es
sich gehört für einen ordentlichen Sylter Regen-
sturmtag, und ich kann mich auf das bepladd-
derte Fahrrad schwingen – und auf geht's zu
meinem Lieblingsweg ins Nichts.

Der Weg ins Nichts führt erst einmal an Uta
und Armin Findeisens Ziegenkäserei vorbei.
Die beiden waren damals kurz nach der Heirat

in Tansania gelandet, über welche Zeit viel Garn
gesponnen wird, dessen Knäuel sich auflöst
mit dem Satz «Sylt ist unsere Heimat eigentlich
erst seit unserer Rückkehr aus Afrika». Anfangs
mochte niemand sein Produkt – «Was der
Friese nicht kennt, ißt er nicht» –, doch das hat
sich geändert: Zumindest bei der gegenüber
27 000 Sylter Einwohnern mächtigen Anzahl
von 500 000 Gästen pro Jahr hat sich der fremde
Geschmack durchgesetzt. Vorbei auch an einer
Gänsefarm, die ihr Rindfleisch anpreist – und
vorbei eigentlich an allem. Ein Gewirr von
kleinen Straßen und Schotterwegen kreuzt ver-
wilderte Knicks und schmale Wassergräben, die
sich manchmal etwas wichtig machen mit kol-
benbewehrtem Schilf und oft den Blick frei-
geben auf Wattewölkchen, die aber Schafe sind
und von weitem aussehen wie die im Herbst
aufgerollten Stroh-Rouladen. Dann aber hört

man sie entweder, ein behaglich-sattes Rülpsen,
oder sie kommen scheu-neugierig herbei. Auch
hier – in der Ferne der Deich, auf dem sie gra-
sen – verbirgt die Stille ihre Rätsel: Warum
haben Schafe mit dunklem Kopf grüne Augen?
Woher haben Vögel, die hier nisten und deren
Gezwitscher als Musik im Winde hängt, diese
Namen aus Mär- und Sagenwelt – Knutt und
Steinwälzer, Rotschenkel und Alpen(!)-Strand-
läufer, Säbelschnäbler und Pfuhlschnepfe? Es
sind diese kleinen Wunder – sie raunen wie eine
Muhme am Kachelofen –, die Sylt, gibt man
sich ihm hin, immer und immer wieder aufs
neue zu erzählen weiß. Habe ich eben entdeckt,
daß das seltsam rauhe Plusterkissen zwischen
den Basaltblöcken unter dem Deich (sie heißen
«Deichverteidigungswege») ein braunschwar-
zes dösendes Schaf ist, da fällt mir bei den
absonderlichen Vogelnamen ein, daß manche

Quallen «haarige Kornblumenblaue» heißen
oder «Löwenmähnenqualle», daß einige von
ihnen einen Schirm bis zu 5 Metern haben und
einen Innendruck von 150 bar, also das 70fache
eines Autoreifens. Und das will 600 Millionen
Jahre alt sein? Nun gibt es Quallen nicht am
Deich, gewiß; aber «die Gedanken sind frei» –
zumal, wenn der Kopf freigepustet ist vom
Wind. Dieser Deich, auf den man stößt, kommt
man aus Keitum – weiter hinten, zur See hin,
erkennt man das Rantumer Becken –, umfängt
wie ein liebevoller Arm das Land; noch schützt
er nur vor dem Wattenmeer, doch in weitem
Bogen, über Archsum hinweg bis Morsum,
behütet er die Insel vor dem offenen Meer. Er ist
mollig-weiblich und hart-männlich zugleich;
nimmt man den Fahrradweg unterhalb, so zieht
er seine Linie durch den Horizont, wandert
man oben entlang, möchte man Flügel haben,

sie auffalten und in den (scheinbar) unendlichen Horizont hineinschweben. Ganz weit hinten, da, wo ich herkam, ist das Kirchlein von Keitum zu sehen. Dort könnte man landen.

Ein Versprechen habe ich noch nicht eingelöst: zu beschreiben, was es denn nun für mich auf sich hat mit dem Keitumer Friedhof. Das ist eine Erzählung, bei der mir der Name «Bittersweet» einfällt, den Bertolt Brecht einer frühen Geliebten gab; auch mein Bericht beginnt mit einem «Es war einmal …» – und eines Tages wird alles damit enden.

Vor dreißig Jahren beschloß ich, «mein Haus zu bestellen» – so hatte ich es von der gestrengen Freundin Mary Tucholsky gelernt: Archiv, Testament, Dotationen. Und ein Grab. Ich wollte, wenn es soweit ist, in der geliebten zweiten Heimat, auf Sylt, beerdigt werden.

Die Friedhofsverwaltung wehrte mit friesisch-einsilbiger Entschiedenheit mein Begehr ab: Der alte Friedhof sei – zumal für Ortsfremde – «geschlossen», da könne man kein Grab mehr erwerben. Das weckte den Raddatz-Trotz. «Ich bin in meinem Leben noch überall, wo ich hineinwollte, hineingekommen – da werde ich es wohl mit der letzten Grube auch noch schaffen», dachte ich so vor mich hin. Rief den zuständigen, mir völlig unbekannten Pastor an – der Mann hieß auch noch Traugott mit Vornamen. Zu meiner mir schmeichelnden Überraschung fragte er als erstes «Sind Sie *der* Raddatz?» und sagte auf meine etwas preziöse Antwort «Der Schauspieler bin ich nicht» wie selbstverständlich «Aber nein, ich meine den, den ich seit Jahren mit dem größten Vergnügen lese». Die erste Hürde schien genommen, so war die ganze Schreiberei wenigstens zu etwas gut gewesen;

die zweite Hürde ließ sich noch leichter nehmen, als ich Traugott Giesen am Pröstwai 20 in Keitum besuchte. Wir verstanden uns auf Anhieb. Er gab mir einen Termin beim Friedhofswärter, und wenige Tage später stand ich vor einem wortkargen Hünen, der mich stracks zu einer frei gewordenen Grabstelle führte. Sie lag zwar innerhalb der Umfriedung, aber doch an der Seite zur vielbefahrenen Keitumer Chaussee. «Die will ich nicht, das ist mir zu laut hier» – dieser Einwand entlockte dem Schweigsamen immerhin den so lakonischen wie logischen Satz «Aber Männeken, das hören Sie dann doch nicht mehr». Er führte mich aber zu einer kleinen, mittelfelds gelegenen Rasenfläche. «Das ist mir zu klein», murrte ich, sein mir unhöflich erscheinendes «Det send Sei dann och» geflissentlich überhörend. Doch störrisch blieb auch der Beerdigungsriese. Auf mein «Ich will etwas mit

Wattblick» raunzte er: «Und das Watt sehn Se dann auch nicht mehr.» Ich wußte wohl, der Mann hatte recht, wollte mich aber des Makabren nicht belehren lassen und tat leger, sah offenbar die Hunderte von Künstlern durch meine Phantasie schaukeln, die ich in meinem Leben bewirtet hatte, lauter schluchzende Günter Grass und Susan Sontag, Paul Wunderlich und Alberto Moravia, Hubert Fichte, Henry Miller, Jean-Paul Sartre oder Margaret Atwood neben Stefan Heym und Stephan Hermlin: «Ich nicht, aber meine Gäste schon», rügte ich mit der Überzeugungskraft des Unlogischen. Und bekam mein Grab mit Blick aufs Watt, bepflanzte es und schenkte mir selber zu meinem 70. Geburtstag einen Grabstein aus rosa Granit – einmal im Jahr kommt nun schon seit Jahrzehnten die Rechnung «Grabpflege Raddatz» von der Friedhofsgärtnerei.

Es wachsen dort aber nicht nur Rosen. Aus dieser Begebenheit ist eine wunderbare Freundschaft erwachsen – mit dem unfrömmelnd in seinem Glauben verankerten Pastor Traugott Giesen. Dieser bemerkenswerte Mann, ganz irdisch-erdverbunden, ohne den schiefen Hals und den hingebungsvollen Schielblick so mancher Betschwester, war damals noch nicht das Wahrzeichen von Sylt, zu dem er erwuchs – vielleicht nicht Leuchtturm, aber Quermarkenfeuer ohne Wenn und Aber. Mit ihm habe ich unvergeßliche Abende – mit und ohne Bordeaux – verbracht, mal über Peter Handke oder Arno Schmidt streitend, öfter aber doch über das, was man wohl die «Letzten Dinge» nennt. Nie hat er mich bepredigt, wenn ich nicht lockerlassend bohrte «Und wo war Ihr lieber Gott in Auschwitz oder My Lai oder im Gulag?» – immer hat er den auch bösen Gott eingestanden, den großen Uhrmacher, dessen Uhr hienieden so oft falschläuft. Wie er Zeugnis ablegte von eigenem Gram und schwarzen Zweifeln, hat er mich überzeugt. Eifer, aber nicht eifernd. Jeder alternde Mensch – so auch ich im Ablauf der Jahre – fragt ja doch mit Ernst Bloch «Da fehlt doch was?», fragt, ob das alles war: die Liebe, die Arbeit, das Dach überm Kopf und das Huhn im Topf. Gerade bei uns Schriftstellern liegt die Doppelbedeutung des Wortes «eitel» so nahe, das ja auch «vergebens» heißt. Man kann es auch «zum Ende hin denken» nennen, gerade und nachdrücklich am nie endenden Meer, seinem unablässigen Nehmen und Geben. Kein Zufall, daß so viele unserer Kollegen am Ende ihres Lebens nach Antwort auf die Bloch-Frage suchten, von Voltaire bis Heine. Ersterer, der Körper siech, der Geist wach, den Klerus verabscheuend und bekämpfend sein Leben lang, antwortete auf die Frage des Priesters, ob er nicht doch die Letzte Ölung empfangen, seinen Frieden mit Gott machen wolle: «Ich habe mir mein ganzes Leben nur Feinde gemacht – warum in der letzten Stunde auch noch diesen?» Und nahm das Sakrament. Heinrich Heine, seine Sünden und Frivolitäten bedenkend, schloß mit den Worten: «Dieu me pardonnera – c'est son metier.» Traugott Giesen weiß dem, der es hören mag, viel von diesem Metier zu erzählen, mal ist es Legende und Mär, mal ist es der handfeste Bericht von der Beerdigung eines Kindes.

Als er im Juni 2005 aus dem Amt schied – die Keitumer Kirche überfüllt, das Abschiedsfest eine nicht enden wollende Dorfkirmes –, hatte das ihm nahestehende Arztehepaar Bechthold ein paar Freunde zu einer kleinen privaten Festschrift eingeladen, ihn zu ehren; jedem

Beiträger war ein Bibelwort als Motto anheim-
gestellt. Ich wählte – und dieser Dank gilt über-
tragen der ganzen Insel Sylt – Kap. 5, Vers 18a
aus dem ersten Brief des Paulus an die Thessa-
loniker: «Seid dankbar in allen Dingen.» Damit
möge dieses kleine Buch enden:

«Es war – und ist – Traugott Giesen, der in
dieser und vielen ähnlichen Formulierungen das
für Nörgeln, Selbstmitleid und Klagen anfällige
Herz des Schriftstellers beschwichtigt hat.

Es ist ein eigen Ding mit diesem Pastor:
gerade weil er so ‹unpastörlich› ist, ganz irdisch
und handfest, kann man sich an ihn und sein
Wort halten. Salbungsvollen Reden hätte sich
mein Ohr verschlossen – aber seiner tröstenden
Energie, in früheren Tagen angefeuert von
einem guten Rotwein, konnte man sich öffnen,
konnte annehmen. Menschen der Feder sind ja
allemal selber ein gut Stück Prediger, sie sehen

die Welt im argen und bitten – ob in Gedichten,
in Prosa, in Dramen –, sie möge so nicht sein;
dieses Bitten, gelehrige Schüler des Sisyphos,
geben sie nicht auf, trotz des großen Vergebens,
das sie eines Schlimmbesseren fast täglich
belehrt: Unglück, Krieg, Naturkatastrophen,
Not, Krankheit oder der Verlust eines nahen
Menschen.

‹Wo war Gott›, fragen selbst Boulevard-
zeitungen dann. Traugott Giesen hat nie so
getan, als habe er die perfekte Antwort, mit der
er gleichsam jegliches Hadern wegbeten könnte.
Gerade weil er eigene Ratlosigkeit, Trauer, die
Schwärze des Hilflosen nicht verbirgt, konnte
er immer – so leise wie beharrlich – gemahnen:
‹Du hast viel Ursache zu Dankbarkeit.› Nicht
selten habe ich dabei an Einsteins berühmt
gewordenen Satz gedacht ‹Auch wenn es Gott
nicht gibt, muß man ihm dankbar sein›.

Jedenfalls habe ich, der kaum eines unserer langen Gespräche vergessen hat, diesem Keitumer Pastor meinerseits viel Dankbarkeit entgegenzubringen. Möge ein wenig davon in sein Herz strömen, wenn er seine Gemeinde verläßt.»